CHAPITRE PREMIER.

1.

Les Folies d'un grand seigneur.

Il y avait déjà longtemps qu'il attendait, l'œil constamment fixé sur le perron de l'hôtel, lorsqu'il entendit une flûte lui partir aux oreilles soudainement.

Encore la flûte maudite!

C'était pire que la clochette du conte et que tous les galoubets magiques...

Emile bondit et dressa l'oreille comme un lièvre ; puis, rampant sur le gazon, il s'éloigna dans une direction opposée à celle de l'acharné musicien.

Mais la flûte semblait le poursuivre, et de quelque côté qu'il tournât dans le bois, la flûte tournait avec lui.

Elle jouait un air narquois, une ronde sur l'air du *Branle de Metz* :

LES CHEMISES ROUGES.

En revenant de Versailles,
En passant dedans Saint-Cloud,
Je trouvai un petit bonhomme
Qui avait sa femme à son cou :
Je suis soûl de ma femme,
L'achèterez-vous?

Emile essaya de sortir du bois, il pressa le pas et fit un détour pour attraper une charmille.

Mais à peine y était-il entré que de l'autre côté de cette charmille il entendit la damnée flûte qui soufflait :

Je trouvai un petit bonhomme
Qui avait sa femme à son cou,
Je lui dis : Petit bonhomme,
Qu'avez-vous à votre cou?
Je suis soûl de ma femme,
L'achèterez-vous?

Décidément, cette poursuite devenait insupportable.

Il crut pouvoir s'y soustraire en revenant sur son chemin.

Le hasard voulut que le musicien en fît autant de son côté.

Du reste, le bruit de leur marche était étouffé par les sons de l'instrument.

> Je lui dis : Petit bonhomme,
> Qu'avez-vous à votre cou !
> Je porte ma femme à vendre,
> Monsieur, l'achèterez-vous ?
> Je suis soûl de ma femme,
> L'achèterez-vous ?

Emile s'impatienta.

Il cherchait à échapper à cette obsession, lorsque, au moment où il s'y attendait le moins, il se trouva nez à nez avec le joueur de flûte, qui était l'homme aux vêtements roses, qui était Ariodant.

Tous deux ne purent retenir une exclamation de surprise.

Notre héros eût souhaité se trouver à cent pied sous terre.

— Qui êtes-vous et que faites-vous là ? demanda Ariodant.

Dire qu'Emile ne se sentit pas embarrassé pour répondre, ce serait mentir impudemment.

Il jeta un regard sur son interlocuteur, resta muet pendant plusieurs minutes, le temps de trouver un prétexte quelconque, puis enfin il murmura en baissant les yeux :

— J'aime la flûte.

A son tour, Ariodant l'examina des pieds jusqu'à la tête; mais il lui vit un tel air de bonne foi, qu'il ne put s'empêcher de sourire.

Cependant il marmotta :

— Vous aimez la flûte... vous aimez la flûte... je veux bien le croire... mais ce n'est pas une raison pour s'introduire dans les propriétés particulières.

— Excusez-moi, dit Emile enhardi par le succès de sa ruse ; voilà huit jours que je demeure dans les environs, et depuis huit jours je ne dors ni ne mange, tant les sons de votre instrument ont exercé sur moi une singulière influence. Par malheur, l'éloignement me fait perdre une grande partie des beautés de votre exécution, et il y a tel morceau qui n'arrive que par fragments à mes oreilles. Jugez de mon chagrin. Ce matin, frappé de la douceur de vos accords, je n'ai pu résister au désir de les entendre de plus près. En vérité, je ne sais pas moi-même comment cela s'est fait... je me suis approché... je me suis approché... un mur se trouve devant moi...

— Vous passez par-dessus...

— Croyez-vous ?

— Dame, puisque vous voilà.

— C'est juste. J'étais enivré, je ne me

possédais plus... Pendant près d'une demi-heure, je vous ai suivi à la piste sans réfléchir aux danger de cette imprudence... Ah! n'est-ce pas l'âme des anciennes syrènes qui est revenue habiter ce vulgaire morceau de bois ?

— Je ne crois pas, répondit Ariodant modeste et flatté.

— Enfin que vous dirai-je ? Si ma faute en est réellement une à vos yeux, j'en suis déjà trop puni par la privation de cette jolie ronde que vous jouiez tout à l'heure et que vous n'avez pas achevée...

Pendant qu'Emile parlait de la sorte, la figure de l'homme à l'habit rose prenait un aspect de contentement qu'il ne s'efforçait pas de déguiser. Oh! mon Dieu, non.

C'était un garçon d'à peine trente ans, tout à fait placide de physionomie, les dents blanches, l'air propret.

Ses yeux seuls offraient une bizarrerie qu'on ne s'expliquait guère : celui de gauche était infiniment plus petit que celui de droit et beaucoup plus rapproché du nez. On eût dit des yeux dépareillés.

Sauf ce léger désavantage, l'individu connu sous le nom merveilleux d'Ariodant n'avait rien en lui que de séyant et même de sympathique.

Il parut touché du regret exprimé par Emile, et mettant sa flûte sous le bras :

— Venez, lui dit-il.

— Où donc?

— Dans le fond du parc; je vais vous finir l'air.

— Et pourquoi pas ici ? demanda Emile en indiquant un banc à portée.

— C'est que ce chemin est précisément celui par où va passer ma jeune maîtresse, et que ce banc est justement le banc où elle a coutume de s'asseoir.

— Ce banc ?

— Oui, répéta-t-il : mais venez !

Emile n'avait pas laissé tomber ce détail, et, tout en suivant Ariodant, il déposa son billet sur le banc de Trois-Mai.

LES CHEMISES ROUGES.

Quand il eurent atteint un endroit favorable, tous deux s'assirent sur un tertre. Ariodant ajusta sa flûte à ses lèvres et commença la ronde que nous avons arrêtée au troisième couplet.

> Je porte ma femme à vendre,
> Monsieur, l'achèterez-vous ?
> Elle m'a coûté cinq cents livres,
> Je vous la donnerai pour cinq sous.
> Je suis soûl de ma femme,
> L'achèterez-vous ?...

Emile, par contenance, battait la mesure et disait les paroles à demi-voix.

La ronde finie, il demanda un second

morceau et puis un troisième. Son enthousiasme allait en augmentant.

Ariodant était enchanté ; il passa en revue tout son répertoire, et ne s'arrêta que lorsqu'il n'eut absolument plus de souffle.

Alors, rouge de sueur et de bonheur, il murmura hypocritement :

— Ainsi donc, vous ne trouvez pas cela trop mal ?

— Trop mal ! mais c'est-à-dire que c'est divin, sublime, admirable !

— Bien vrai ?

— Bien vrai, très-vrai !

— Vous êtes donc satisfait, là, franchement ?

— Je le crois bien ! s'écria Emile.

— Alors, allez-vous-en.

— Comment, que je m'en aille ?

— Certainement... Ah çà ! mon cher ami, vous êtes insatiable... Moi, je n'en puis plus, parole d'honneur !

— Hélas! murmura Émile, je ne saurais vivre dorénavant sans votre flûte!

— A ce point! dit Ariodant surpris et dont le triomphe atteignait des hauteurs orphéennes.

Emile baissa la tête et garda un douloureux silence.

Ariodant était réellement affecté.

— Pauvre jeune homme! je ne voudrais cependant pas voir fait une victime! Il m'afflige, en vérité; mais, que puis-je pour vous guérir?

— Laissez-moi revenir quelquefois.

— Diable !

— Oh ! je vous en prie...

— C'est difficile.

— Mon cher M. Ariodant.

Ariodant, dont le front s'était rembruni depuis quelques secondes, fit un geste étonné.

— Comment savez-vous mon nom ? demanda-t-il ; qui vous l'a dit ?

— C'est l'hôtesse du *Sanglier russe*, répondit Émile.

— Vous logez donc au *Sanglier russe* ?

— Est-ce que je ne vous l'avais pas appris ?

Ce mot fut dit avec une candeur si parfaitement jouée, que toute défiance disparut du visage d'Ariodant.

— Il y a peut-être moyen de nous entendre, dit-il après avoir réfléchi.

— De *vous* entendre, corrigea Émile plein d'espoir.

— L'hôtesse du *Sanglier russe* est de mes amis. Retournez dans votre chambre, tâchez de vous y distraire. Évitez de funestes pensées. Et ce soir, ce soir, entendez-vous? je vous promets de venir vous y trouver. J'apporterai ma flute, et je vous en jouerai tant que vous voudrez. Hein!

A mesure qu'Ariodant développait son plan, les traits de notre héros se recouvraient d'une expression de désappointement indicible.

Non-seulement il se voyait interdire l'entrée du parc, mais encore il se trouvait avec deux nouveaux embarras sur les bras, un homme et une flûte, l'un soufflant de l'autre et menaçant à toute heure de troubler sa sécurité personnelle et de se jeter en travers de ses projets.

Aussi n'accueillit-il pas avec une grande pétulance de transports la proposition d'Ariodant.

— Est-ce que vous n'êtes pas content? lui demanda celui-ci.

— Si fait! si fait!!

— Ma foi! c'est tout ce qu'il m'est possible de faire en votre faveur.

— Je vous remercie.

Peut-être trouverez-vous l'attente un peu longue d'ici à ce soir, continua-t-il sans remarquer un énergique mouvement de dénégation d'Émile; mais écoutez : je tâcherai de prendre un moment vers le milieu de la journée, et alors vous me comprenez... dit-il en portant sa flûte à sa bouche.

Ce geste commençait à devenir odieux à notre héros. Il se contint cependant et et fit presque un sourire de reconnaissance.

— C'est bon, c'est bon! s'écria Ariodant, je vois votre joie, trève aux compliments. Peste! quel enragé vous me faites! Flûte au réveil, flûte à midi! flûte après dîner, il vous en faut de la musique; allez-vous être heureux!

Émile eut un frisson en songeant à cette perspective.

Ariodant gambadait.

— A présent, dit-il, quand il eut mis

un terme à ses lazzi, ce n'est pas pour vous congédier, mon jeune ami, mais voici l'heure où je me dois à mes graves fonctions.

— Et qu'est-ce que vous faites ici? demanda Émile curieux.

— Je suis domestique et statue.

— Vous dites ?

—Statue et domestique.

Émile regarda cet homme d'un air ahuri.

— Je vous expliquerai cela ce soir, dit Ariodant.

— A ce soir donc ! dit Émile qui fit quelques pas vers la muraille.

— Eh bien ! où est-ce que vous allez ?

— Mais vous le voyez bien, je m'en vais.

— Par où ?

— Par où je suis venu.

— Allons donc ! fit Ariodant ; en plein

jour? comme un voleur ? Suivez-moi, je vais vous faire passer par une porte du parc, De là une ruelle vous conduira au cours qui n'est pas éloigné de la rue des Vieux-Coches.

Émile ne fut pas sans éprouver d'inquiètes appréhensions lorsque son compagnon le fit repasser dans le chemin affectionné de Trois-Mai. Mais une rapide inspection du banc le convainquit que son billet avait disparu.

— Voilà ma jeune maîtresse revenue de la promenade ! dit Ariodant en désignant la fille du duc, qui montait lentement le perron.

— Elle a mon billet ! pensa Émile.

Ils arrivèrent à une petite porte du parc, cachée sous des broussailles.

Là, Émile se disposait à se séparer d'Ariodant, lorsque celui-ci lui dit :

— Eh bien ! vous partez comme cela ?

— Mais...

— N'avez-vous plus rien à me demander ?

— Je ne crois pas.

Ariodant sourit.

— Allons ! je ne veux pas que vous vous en alliez tristement... encore un petit air... la chanson de l'étrier.

Et, sur le seuil, il fit entendre quelques mesures de la ronde populaire que nous avons citée.

Elle m'a coûté cinq cents livres,
Vous la donnerai pour cinq sous.
Quoique le marché se fasse,
La retiens pour mon mois d'août.
Je suis soûl de ma femme,
　　L'achèterez-vous ?

— Que le diable t'emporte ! murmura Émile en prenant ses jambes à son cou.

CHAPITRE DEUXIÈME.

II.

Les folies d'un grand seigneur. — *Suite*.

Il est temps d'introduire le lecteur dans la *petite maison* champêtre du duc de Noyal-Treffléan.

E — A l'heure où nous y pénétrons, une

jeune fille est seule et assise dans une salle décorée au goût du grand siècle, grands tableaux, grandes portes, grands meubles. Sa tête est inclinée, elle pense; dans une de ses mains on voit un billet entr'ouvert.

Cette jeune fille, blonde comme un rayon de soleil affaibli, c'est l'enfant du duc de Noyal-Treffléan, c'est Trois-Mai.

Des larmes ont coulé sur son visage, elle a souffert, elle souffre encore, car chacun de ses pas dans la vie est marqué par une douleur amère.

Pourtant quelle différence entre hier et aujourd'hui ! La pauvre jupe noire qui entortillait son corps a été remplacée par une robe opulente, une de ces robes comme il en déborde dans les toiles à froufrou du somptueux Watteau, l'homme qui a le plus chiffonné de satin et de rubans, et qui aurait été infailliblement un tailleur s'il n'avait été un peintre.

La chambre modeste de Christine a fait place sans transition à un appartement ducal, splendide comme le salon d'Hercule, et peint au plafond par une brosse trempée de lumière, amoureuse des fêtes délirantes du paganisme.

Mais empressons-nous de le dire, l'âme de Trois-Mai était restée la même. Elle appartenait à cette nature d'anges-femmes qui naissent complètes et demeurent complètes malgré le milieu où le ciel les fait se trouver.

C'est dire assez que le souvenir d'Émile était plus que jamais vivant en elle; n'était-ce pas le principal événement de son existence, le seul qui fût parvenu à dissiper ses tristesses d'orpheline, le seul qui planât sur son luxe actuel, sa première joie et son premier espoir?

Depuis une année qu'elle n'avait eu de

ses nouvelles, un jour ne s'était point passé sans qu'elle songeât à lui.

On n'aura donc pas de peine à comprendre son étonnement et son émotion en recevant d'une manière si inattendue le billet dans lequel il lui faisait savoir sa présence.

Mais à cette émotion heureuse avait succédé bientôt la réflexion, cette conseillère qui rogne tous les projets, de même qu'un usurier rogne tous les écus.

Trois-Mai ne dépendait plus d'elle seule maintenant : des barrières dorées s'étaient élevées entre elle et Emile, et leur fermaient l'avenir.

Elle était tellement absorbée dans ses réflexions qu'elle n'entendit pas le bruit que fit une portière soulevée. Un homme arrêté sur le seuil la contemplait attentivement :

Il fit un pas vers elle.

— M. le duc ! s'écria-t-elle d'un air d'effroi et en se levant soudain.

A peine si elle eut le temps de cacher sa lettre...

Le duc laissa voir un léger froncement de sourcils, et il garda le silence. Il était vêtu d'une robe de chambre noire en velours, fermée à la ceinture par une cordelière aux glands épais. Sous ce costume simple et sévère, les fortes lignes de son cou s'élevaient avec une certaine majesté.

— Rasseyez-vous, dit-il doucement à la jeune fille en lui prenant une main qu'elle abandonna inerte et froide.

Le duc ne put retenir un mouvement, indice d'une sourde contrariété.

— Etes-vous malade, Trois-Mai? On serait tenté de croire que le sang s'est retiré de vos veines. Pourquoi rester immobile et droite comme une statue? Asseyez-vous, vous dis-je.

Elle obéit, sans oser lever des yeux de

— Est-ce mon approche qui vous rend toute tremblante? Est-ce ma voix qui vous fait toute pâle? Qu'ai-je donc en moi de si effrayant, de si terrible? Ne m'efforcé-je pas d'embellir votre vie, et sous ce rapport auriez-vous quelque reproche à m'adresser?

— Non, M. le duc balbutia-t-elle.

— M. le duc ! toujours M. le duc ! Ne suis-je donc que cela à vos yeux et ne pouvez-vous vous accoutumer à m'appeler : mon père ?

Elle se tut.

— Voyons, continua-t-il, où en êtes-vous de vos leçons ?

Le duc de Noyal-Treffléan s'était institué lui-même le professeur de sa fille, et, depuis une année, il avait entrepris son éducation sur des bases particulières.

Chaque jour s'attaquant à cette intelligence naïve autant que belle, il essayait de lui inculquer ses théories et de la recréer pour ainsi dire à son image. Cette œuvre, il l'accomplissait avec une patience et un génie de précautions qui décélaient le bout du manteau d'un Machiavel.

Mais, pour l'âme candide de Trois-Mai, c'était la torture morale infligée à heures fixes.

Il avait refait l'histoire du monde exprès pour elle, et dans cette histoire il n'avait fait surnager que les événements coupables et les héros exécrés.

Toutes les figures honnêtes, tous les profils purs, avaient été implacablement éliminés dans cette édition qu'aurait pu signer Arismane.

C'était moins une histoire qu'un roman ignominieux, peuplé de personnages fangeux et couronnés, de peuples esclaves criant: « Gloire à César! » un roman où les batailles s'entassaient sur les orgies, où les religions se heurtaient dans un choc ridicule ; une Caprée murée d'airain ne laissant entrer l'espérance ni sortir le repentir, il l'avait ricanée, mais ricanée avec le sérieux dont il était capable.

Il avait barbouillé la face du monde afin de pouvoir dire à sa fille : « Vois comme c'est laid ! » et il avait déshonoré l'humanité afin de pouvoir dire : « Vois comme c'est méprisable ! »

Que de fois Trois-Mai détourna la tête et s'interrompit dans sa lecture pour demander à son terrible professeur :

— Mais où sont donc les mères qui ont été pures, les pères qui ont été respectés?

Où sont-ils ceux dont la vertu n'a jamais failli et qui ont toujours vécu sous l'œil de Dieu?

Le duc souriait tranquillement et répondait:

— Fables! illusions! chimères!

Cette leçon se passa comme les autres: de noirs paradoxes tombèrent dans l'imagination de Trois-Mai et la remplirent de trouble et de dégoût.

Ce cours de scepticisme dura environ une heure, le duc ne se lassait pas. Il fallut que, ployée sous l'évocation de tant de scandales, et suppliciée par cette voix monotonement stridente, elle murmurât quelques mots de supplication, pour qu'il consentît à s'arrêter.

— Soit, dit-il, assez pour aujourd'hui. Mais, ma fille. je remarque avec chagrin que depuis plusieurs jours vos progrès dans la science sont absolument nuls.

D'où vient cela ?

— Hélas ! c'est que l'ignorance était bien mieux mon fait.

— Vous êtes fille de duc.

— Je ne l'ai pas toujours été.

Le duc de Noyal-Treffléan la regarda longuement, sans proférer une parole. Embarrassée par ce regard fascinateur, elle voulut se lever.

— Permettez-moi de me retirer dsns mon appartement, dit-elle.

— Un instant encore.

— C'est que... je ne me sens pas bien...

— Rien qu'un instant, insista-t-il en donnant à sa voix toute la douceur qu'il pouvait lui donner.

Elle se rassit.

— Ma fille, reprit le duc avec hésitation, vous n'avez pas de confiance en moi. Je m'en afflige et je vous en blâme. Que vous manque-t-il cependant? est-il un de vos désirs au-devant duquel je refuse d'aller, une de vos fantaisies à laquelle je ne sois prêt à souscrire? Parlez. N'êtes-vous pas traitée ici selon votre rang? Dès que vous ouvrez la bouche, chacun s'incline et obéit, moi tout le premier, car je n'ai d'autre souci que celui de vos plaisirs dans le présent, d'autre ambition que celle de votre bonheur dans l'avenir. Pourquoi donc avoir des secrets pour moi, comme si j'étais un tuteur barbare ou un père sans pitié ?

— Je ne vous comprends pas.

— Vous avez caché une lettre quand je suis entré, prononça le duc.

Trois-Mai sentit le froid la gagner.

— Montrez-la moi, ajouta-t-il.

Trois-Mai l'entendit bien, mais elle ne parut pas l'entendre.

Elle avait peur.

Le duc réitéra sa demande.

— Non, dit-elle à voix basse comme si elle se parlait à elle-même; non! car vous lui feriez du mal...

— Du mal! A qui?

— A lui!

— A lui! répéta-t-il plein d'étonnement; de qui est-ce que vous parlez, et quel mal pensez-vous donc que je sois capable de faire ?

— Je parle de quelqu'un qui est pour moi autant qu'un frère, et pour qui je ferais avec transport le sacrifice de ma vie !

— Un frère ?...

Ce mot fut accompagné d'un regard vicieux jeté en dessous par le duc à sa fille.

— Allons, c'est bien, dit-il en souriant,

je vois ce que c'est. Vous autres, jeunes filles, vous appelez cela un frère. Le nom n'y fait rien. Bah ! quelque amourette, je gage, des fadaises de roman, un rêve que vous voudriez bien transformer en aventure. Je ne vous en veux pas, ma fille ; il faut bien un aliment à votre imagination. Mais, avouez que pour une rougissante Agnès, qui tremble à tous les mots, qui frémit et qui s'effarouche, avouez que vous possédez l'instinct à défaut de la science. Je ne prétends pas vous intimider : au contraire, je vous mets à votre aise.

Toujours vous avez fait ombre avec

moi de vos qualités de femme que je m'attachais à développer ; il y a un malentendu entre nous, évidemment ; vous m'avez pris pour ce que je ne suis pas, et moi je ne vous ai pas prise pour ce que vous êtes. Cela arrive mille fois. Seulement, ma chère petite, vous avez eu tort, mais grand tort de ne pas vous confier à moi.

Je ne suis pas un père comme les autres pères, ne vous en êtes-vous pas aperçue ? Je comprends toutes choses et même plus encore.

Vous m'auriez charmé en venant me

raconter vos petites histoires. Je vous aurais donné des conseils, mais pas des conseils à la Bartholo ; oh ! non ; j'entends mes devoirs d'une façon toute autre.

Trois-Mai reculait lentement.

— Çà, continua-t-il, ma charmante Agnès, dites-moi quel est votre Horace ? En quel lieu l'avez-vous rencontré et depuis combien de temps ? Au moins, est-ce un gentilhomme et sait-il qui vous êtes ? Mais parlez donc, vous voyez bien que je n'ai pas de courroux. Vous avez un frère, c'est très-naturel et s'il faut vous parler franchement, eh bien ! je m'en doutais.

Ce qui m'étonne (mais ce qui m'étonne agréablement) c'est votre adresse à me le cacher.

Savez-vous que vous êtes habile ? oui, je vous en félicite, car vous m'avez trompé, moi qui ait pris des leçons à la cour de LouisXV. D'honneur ! je vous regardais comme une ingénue, je le confesse, mais vos vingt ans ont joué mes soixante ans d'une admirable façon. Mes sincères compliments, ma fille !

La pâleur de Trois Mai était extrême.
A un mouvement que fit vers elle le duc
de Noyal-Treffléan, elle répondit par ce
mot d'un sublime effroi :

— Monsieur, êtes-vous mon père ?...

Car à la fin elle se révolta, elle, l'enfant sans tache !

Tant de hontes et tant d'infamies l'indignèrent jusqu'à l'horreur. Elle montra son beau front de vierge irritée, et, s'appuyant au coin d'une commode :

— Chassez-moi ! dit-elle, foulez-moi

sous vos pieds et brisez-moi! arrachez
un à un tous les vêtements que je porte!
frappez-moi! tuez-moi!... mais respec-
tez-moi!

Elle reprit :

— Dans la boue où vous avez laissé se
traîner ma jeunesse, parmi les pauvres
de la rue, chez les mendiants du ruis-
seau, partout où votre volonté m'a jetée,
au cabaret et à l'hospice, j'ai trouvé le
respect que je ne trouve pas dans la maison de mon père!

Le duc recula.

— Jamais je ne vous ai rien demandé, dit-elle; aujourd'hui je vous demande cette seule chose. Ai-je quelquefois oublié mes devoirs envers vous ? Je ne le crois pas. Vous m'avez toujours vu soumise et courbée. Que voulez-vous de plus ? Est-ce de l'affection ? est-ce de la tendresse ? je ne le peux pas, cela m'est impossible. Que le ciel me pardonne !

— Trois-Mai !

— Oui, Trois-Mai ! Trois-Mai, à la bonne heure ! mais, pas votre fille !

Le duc demeurait atterré.

— Votre fille serait celle qui se serait éveillée à la vie dans votre bras, qui aurait grandi sous vos baisers ; votre fille serait celle dont vous auriez guidé la raison et dirigé les premiers pas ! Mais l'être abandonné par vous sous un réverbère, élevé par charité, l'enfant à qui vous n'avez osé donner ni un nom de mère ni un nom de sainte, que vous avez appelé d'un chiffre, d'une date ; la malheureuse que vous avez forcée à tendre la main, après l'avoir privée de pain et d'asile, celle-là n'est pas votre fille et ne peut pas l'être ?

Trois-Mai !

— Je ne suis la fille de personne, je suis la fille de Dieu !

— Ecoutez-moi, voulut dire le duc.

— Non ! je vous ai trop écouté, je vous ai trop entendu. Vous me direz encore de ces choses que je ne veux pas savoir, parce qu'elles sont trop fausses ou trop vraies. Vous avez assez égaré ma tête comme cela, laissez-moi garder mon cœur. Je ne veux plus de vos leçons. vos leçons m'épouvantent ! Il m'a fallu pour y résister pendant un an toute la force que Dieu donne à ceux qui le prient. Heureusement que si vous aviez le poison, j'avais le contre poison, moi!

— Que voulez-vous dire ?

—Voyez! dit-elle en lui montrant un livre.

— L'*Évangile*, lut le duc,

— Oui, l'*Évangile*, que j'ai été obligée de voler à vos domestiques!...

Jamais visage humain n'atteignit à la céleste beauté du visage de Trois-Mai en ce moment.

Le duc tremblait de rage.

— Ainsi donc, dit-il après un silence, voilà comment vous me braviez ?

— Voilà comment je sauvais mon âme !

— Et ce billet, continua-t-il ironiquement, vous aidait-il aussi à sauver votre âme ?

Trois-Mai ne baissa plus les yeux, cette fois. Elle avait la pureté, elle avait le courage.

C'était à son tour à dominer cet homme de fer.

— Donnez-moi ce papier, répéta-t-il.

— Non !

— Donnez-le-moi, je vous l'ordonne !

— Non ?

— Trois-Mai !

Elle croisa ses mains sur sa poitrine.

Mais si elle avait le courage, elle n'avait pas la force. La lutte qu'elle venait de soutenir l'avait épuisée.

Elle, si timide et si frêle, ne pouvait résister longtemps à des émotions de cette nature.

— Laissez-moi, murmura-t-elle d'une voix plus faible; que vous importe ce papier qui ne renferme rien de mal, je vous le jure?

Et plus bas encore elle se disait:

— Oh! j'ai peur, j'ai peur pour lui!

C'est qu'elle n'ignorait ni la toute-puissance ni la cruauté du duc, et qu'elle se rappelait incessamment le récit des caprices infernaux qu'elle avait lus dans le livret de François Soleil.

— Allons! dit-il brusquement.

Les genoux de Trois-Mai s'abattirent sur le parquet.

— De grâce! murmura-t-elle.

— Ce papier?

— Oh! soyez bon!

Il s'avança.

Elle était défaillante ; il lui saisit les deux mains.

Ce dernier cri, déchirant et suppliant, s'échappa de sa gorge et faillit la briser :

— Ah ! mon père !...

Puis elle s'étendit à la renverse, blanche comme une morte, inanimée.

Le duc de Noyal-Treffléan s'arrêta, pâle aussi.

— Ce cri m'a remué ! dit-il lentement.

Il resta plusieurs minutes à la même place, regardant sa fille évanouie, et ne la relevant pas.

Un sentiment inconnu venait de s'éveiller en lui, et il cherchait à s'en rendre compte, à rattraper pour ainsi dire la vibration enfuie.

Qui l'eût vu de la sorte, debout, immobile, les yeux grands ouverts, se fût demandé s'il était changé en pierre ou en fou. Mais le travail qui se faisait dans sa pensée était extraordinaire.

— Est-ce que je l'aimerais ? se demandait-il ; est-ce que depuis un an ce que je prends pour de l'habitude ou pour de la curiosité serait par hasard... de la tendresse paternelle ?... Tout à l'heure, pour la seule fois de ma vie, il m'a semblé que mon sang criait... Suis-je sur le point de devenir pareil aux autres hommes, et mes entrailles auraient-elles attendu jusqu'à ce jour pour s'émouvoir ?

Il passa la main sur son front.

— C'est inexplicable. Je ne me reconnais plus. Cette enfant s'est introduite par surprise dans mon cœur... Il est vrai que jamais je ne l'avais mieux admirée qu'aujourd'hui... Elle m'a parlé avec une fierté et une audace auxquelles je ne m'attendais certainement pas. J'ai reconnu en elle la race des Noyal-Treffléan et j'ai éprouvé comme un mouvement d'orgueil... Et puis c'est la première volonté que je n'aie pas domptée, la première rébellion qui se lève devant moi.

Elle m'a résisté jusqu'à la fin, ma fille, elle n'a pas cédé, elle n'a pas été vaincue. elle est tombée dans sa résistance!... c'est bien. Oh! oh! continua-t-il en se frappant au-dessous du sein gauche, ce que l'on appelle le cœur, cette montre qui marque la force ou la faiblesse humaine, le cœur bat donc encore chez moi !

Il se mit à rire, mais son rire se perdit aussitôt dans une réflexion ; et il redevint sombre, regardant toujours Trois-Mai couchée sur le parquet.

— Elle ne m'aime pas... elle l'a dit. Elle me hait, je l'ai vu. Eh bien! qu'y a-t-il d'étonnant là dedans?... Elle ne m'aime pas, tout s'arrête ici... Nature ! nature ! mon pouvoir se brisera toujours contre le tien !

Son pied heurta le volume échappé aux mains de Trois-Mai.

Il tressaillit involontairement et murmura :

— L'*Évangile !*

Oui l'*Évangile !*

Et ce nom se plaçait sur sa bouche précisément à côté de celui de la nature qu'il venait de prononcer, comme si au moment où il comptait un obstacle à sa marche impie, Dieu eût voulu lui en montrer un second !

A ce même instant il se rappela aussi, c'était fatal ! il se rappela cette soirée ancienne où sa fille, au sortir de l'hôpital des Enfants trouvés, affamée et pleurante, invoqua soudainement une croix dans les airs et se réfugia sur les marches d'une église, pour demander à Dieu secours et protection.

Toujours la religion ! dit-il, toujours Dieu ! Voilà leur éternel bouclier !

Avec ce mot, avec cette idée unique, on les voit marcher sans crainte, non pas comme marchent les martyrs, mais comme marchent les conquérants.

Tout est dit lorsqu'ils ont la foi, tout est fait lorsqu'ils ont la grâce ; ce sont deux oreillers sur lesquels ils s'endorment, confiants dans une éternité bienheureuse.

La foi, la grâce ! Pourquoi ces dons tombés sur le genre humain, comme autrefois les langues de feu sur les apôtres, ne sont-ils pas tombés sur moi qui me fussent découvert exprès pour les recevoir ?

Pourquoi le Créateur se dévoile-t-il à ceux qui ne le cherchent pas, préférablement à ceux qui le cherchent ? Tu n'as pas voulu de moi, Maître de l'univers ! à mon tour, je ne veux plus de toi maintenant.

Et qui me dit d'ailleurs que du haut de ton trône si étrangement invisible, tu ne t'énorgueillis pas de voir une de tes créatures se passer de toi si superbement ? Qui m'assure que tu ne te réjouis pas d'avoir formé un être si complet et si supérieur aux autres êtres, qui est parvenu à vaincre sa conscience et à triompher de ses remords ? Un enfant qui dès le berceau dirait à son père :

« Je n'ai pas besoin de vous et je vivrai sans vous ! » cet enfant ne serait-il pas digne d'admiration, et son père n'aurait-il pas le droit de s'en montrer justement fier ?

Voilà comme parlait cet homme, ivre de matérialisme et d'impiété.

Il repoussa l'*Evangile*.

Se penchant ensuite sur sa fille :

— J'allais oublier ce papier, dit-il, voyons.

Il n'y avait que trois lignes :

» Je suis près de vous, dans l'auberge à côté, au troisième, la fenêtre encadrée de vignes.

» ÉMILE. »

— Emile ! prononça le duc en levant les yeux au plafond ; qu'est-ce que c'est que cela ?...

A ce moment, Trois-Mai fit un mouvement et un soupir.

Le duc se hâta de replacer le billet à l'endroit où il l'avait pris, afin qu'elle ne soupçonnât pas son indiscrétion.

Puis il sonna les femmes de chambre.

— Ma fille s'est trouvée mal, leur dit-il ; vous me préviendrez lorsqu'elle sera revenue à elle.

Mais une fois rentré dans son appartement, ses réflexions le reprirent de nouveau, et il leur livra son cœur en pâture :

— Elle aime cet Emile, voilà qui est clair. Aimer ! sentir son âme se fondre au souffle d'une autre âme ; c'est ce que je n'ai jamais éprouvé... c'est ce qu'il faut que j'éprouve. Ma fille m'aimera, je le veux !

— Monseigneur ! monseigneur ! s'écria une femme de chambre en faisant invasion dans le cabinet du duc de Noyal-Treffléan.

— Eh bien ! Qu'y a-t-il ?

Mademoiselle vient d'être atteinte d'une fièvre violente, et nous avons été obligées de la coucher dans son lit.

— Retournez chez elle et faites appeler le docteur.

Seul, le duc se posa cette question :

— Est-ce moi qui l'ai brisée? Cette dernière scène aurait-elle dépensé toute son énergie !... Oh! non, la jeunesse sera probablement la plus forte... ce n'est qu'une crise passagère. Cependant j'aurais dû la ménager, car après tout elle est ma fille! ma fille! répéta-t-il en rêvant...

— Monseigneur! monseigneur!

C'etait la femme de chambre qui revenait.

— Encore! dit le duc.

— Le délire s'est emparé de mademoiselle, et au milieu de ses pleurs et de ses sanglots, elle ne cesse de prononcer un nom, qu'elle appelle à grands cris.

— Quel nom?

— Emile !

Le duc garda le silence.

D'un geste il congédia la camériste.

— Emile ! toujours cet Emile ! Allons, il faut céder, car je ne veux pas que cette enfant meure, je ne veux même pas qu'elle soit malheureuse. Elle m'a répudié pour son père, j'ai à prendre ma revanche vis-à-vis d'elle.

Il sonna.

A un laquais qui se présenta, il donna les instructions suivantes :

— Dans l'auberge à côté, il y a un jeune homme qui demeure au troisième étage, sur le derrière, une fenêtre entourée de vignes, je crois.

Bien Monseigneur.

— Il s'appelle Emile.

— Emile, répéta le valet.

— Vous allez le trouver et vous lui présenterez ce billet, en le priant de vous suivre au nom de la personne à qui il est adressé. Ne l'ouvrez pas.

— Après, monseigneur?

— Après, vous ferez entrer ce jeune homme ici et vous viendrez me prévenir.

— Il suffit, répondit le valet en s'inclinant.

— Je veux le voir et l'interroger, se dit le duc. Celui qui a su attirer l'attention de ma fille ne peut pas, ne doit pas être un homme ordinaire.

… CHAPITRE TROISIÈME.

III.

Les folies d'un grand seigneur. — *Suite.*

Le parc de Versailles, si désert aujourd'hui, et que réjouit seulement dans les soirées blondes la musique des régiments, le parc de Versailles, qui ne voit plus à la place de ses mousquetaires rouges et de ses gendarmes-Dauphin que des notaires avec des favoris, ce parc incommensurable, qu'il semble de bon goût de railler pour sa magnifique symétrie, et dont les arbres vont si bien deux à deux, comme des alexandrins, qu'on est tout étonné de ne pas les entendre rimer à leurs cimes, le parc de Versailles ne se ressemble pas plus à lui-même que la place des Vosges d'aujourd'hui ne ressemble à la place Royale d'autrefois.

C'était un tableau, ce n'est plus qu'un cadre maintenant.

Ces pelouses qui appelaient si bien les robes ramagées et ramageantes, les souliers de satin furetants, les petits talons rouges, ces avenues où les chaises à porteurs avec leurs rideaux frangés d'or et leurs armoiries finement peintes se reposaient si doucettement, ces lacs où de galantes compagnies venaient perpétuellement s'embarquer pour Cythère, ces Amours qui décochaient leurs flèches sur de vrais cœurs, ces Vénus qui avaient quelque raison d'être pudiques en face de tant de monde, ce paysage enfin si hyperboliquement coquet, recevait la vie et la joie d'une foule de toutes couleurs, marquises, courtisans, officiers.

Louis XIV était le véritable soleil de Versailles; à présent, c'est le soleil seul qui est le Louis XIV de Versailles.

Un peu moins animé en 1789 que sous le grand roi, surtout autrement animé, le parc était cependant encore une belle chose peuplée et brillante.

Au lieu de rentrer directement à son hôtellerie du *Sanglier russe*, Emile, que nous avons laissé le matin encore sous l'impression de la flûte d'Ariodant, avait dirigé ses pas vers les jardins royaux.

Il passa la journée entière à errer au-

ir des deux Trianons, séjours féeriques,
l'on donnait la comédie avec des
neaux, des abbés et des musiciens; les
ux Trianons, où l'archiduchesse d'Au-
che, devenue reine de France, eut le
and tort de se coucher dans l'infâme
de Louis XV.

Emile s'en revint ensuite par le bois
Satory.

Il allait être six heures du soir; le jour
ait grand encore.

Eveillés par le vent, les arbres s'étaient
is à babiller par leurs milliers de pe-

tites langues vertes, comme feraient
eux de bonnes gens, après la dînée,
leur porte. On entendait aussi que
chants d'oiseaux, perdus dans le
sifs, et plus heureux que les autres
seaux de Trianon, dont les pattes
gnonnes se gelaient à percher sur la
des Apollons de marbre.

A cette heure sereine, dans une
parties les plus reculées du bois,
femmes étaient assises sur un banc
leur costume, il était aisé de reconn
qu'elles appartenaient à la cour.

Elles causaient.

que chose de triste voilait les traits
e d'elles, la plus belle et la plus
; elle avait une robe de couleur
, un éventail pendait au bout de
n droite abandonnée.

ait une femme dans la force de
blonde sous la poudre, au profil
fièrement.

utre, belle aussi, lui disait :

Madame, qu'est devenue votre gaieté
dis? Rappelez-vous ces moments de
eur et de plaisir, alors que tout s'a-
it de votre présence et que vous

étiez l'âme adorée des divertissements de Versailles?

— Hélas! que ne donnerais-je pas aujourdhui pour racheter cette jeunesse dont on m'a fait un crime? Chaque éclat de rire de la dauphine retombe maintenant en larmes amères sur le cœur de la reine. Dans ce temps-là je croyais pouvoir prendre ma part de gaieté sans offusquer personne. Les murailles de mon palais n'étaient pas assez hautes, ni assez épaisses, voilà le malheur; le peuple m'a entendue rire un jour qu'il ne riait pas, et il s'est fâché. Au fait, j'étais folle, et j'ai mérité mon sort. Où voit-

n dans l'histoire une reine souriante et
eureuse, comme j'osai l'être pendant
uelques instants? J'ignorais alors que
haque parcelle de bonheur était autant
e volé sur mes sujets. On me l'a fait
omprendre depuis : « Madame, ne riez
as! car je n'ai ni pain ni asile. Madame,
e dansez pas! car mon enfant se meurt
 mon sein maigre et tari. Pas de festins!
as de musique! car nous souffrons, car
ous sommes pauvres et envieux. »

L'autre femme, qui s'appelait madame
e Lamballe :

—Pourquoi tourner votre pensée vers

ces tristesses incessantes? Pourquoi rappeler de lamentables images?

— C'est qu'en revoyant cette place et en me retrouvant sur ce banc, je ne puis me défendre, malgré moi, d'un funeste souvenir.

— Un souvenir?

— Oui, alors que je n'étais pas une reine, alors que je n'étais qu'une femme.

— Et ce souvenir?...

— Il m'obsède toujours; je voudrais le

chasser, mais il revient à mes heures tristes, et je revois sans cesse cet homme dont les traits moroses m'apparurent ici pour la première fois.

— Quel homme ?

— Un fou, un original, dont l'abbé Vermont, qui l'avait déjà rencontré quelquefois, m'avait donné le signalement; un écrivain célèbre qui fuyait sa célébrité, et que l'on désignait sous le nom du philosophe de Genève.

— Quoi ! Jean-Jacques Rousseau ?

— Lui-même.

— Cet homme si dédaigneux ! si vain ! si brutal ! et qui repoussait toutes les sympathies, surtout celles de la cour ?

— Ce ne fut pas lui qui vint au-devant de moi, c'est moi qui allai au-devant de lui, dit la reine.

— Vous !

— Je savais qu'il avait l'habitude de venir herboriser dans les environs ! je ne pus résister au désir de le voir et de m'entretenir avec lui. Vous connaissez mon faible pour les artistes et pour les penseurs; je suis toujours demeurée Allemande de ce côté. Toutes les gloires m'attirent, et Jean-Jacques Rousseau était une des gloires les plus resplendissantes, non-seulement de Paris, non-seulement de la France, mais de l'Europe, mais du monde entier.

— Votre Majesté, dit la princesse de Lamballe avec un charmant sourire, Votre Majesté est-elle bien sûre en ce moment de ne pas donner dans les idées du tiers-état?

— C'était un beau jour comme celui-ci

— Peut-être le même mois?

— Oui.

— Et sans doute aussi la même heure?

— La même heure.

Marie-Antoinette avait tressailli en prononçant ces dernières paroles, et elle avait regardé autour d'elle par un involontaire mouvement.

— Alors, c'est étrange, dit madame de Lamballe.

— N'est-ce pas...?

— Et que se passa-t-il entre vous et cet homme ?

— Je vais vous le raconter. C'est quelque chose de simple et de pénible. J'étais vêtue en paysanne, en jardinière, comme cela m'arrivait souvent à Trianon, vous le savez. Je ne voulais pas être reconnue. Dans ce sentier que m'avait indiqué l'abbé, au bout de quelques instants, je vis paraître un individu en habit gris, courbé, et qui marchait avec une canne.

— C'était lui !

— C'était lui. Au frisson qui me passa par tout le corps, je reconnus que je n'étais rien qu'une princesse, et que cet homme était un homme de génie. Mes genoux fléchirent, et plus il avançait, plus je me trouvais interdite, quoiqu'il ne me regardât pas, quoiqu'il ne me vît pas.

— Se peut-il ?

— Il me semblait le voir grandir à chaque pas qu'il faisait, tandis que moi je me sentais rapetisser d'autant. Je compris qu'il y avait quelque chose de fatal entre nous, et que ce plébéien obscur

venu de la Suisse, ce vagabond, cet hôte
des greniers et des mansardes, devait un
jour ou l'autre peser impitoyablement
sur ma destinée. Tous ses livres me reve-
naient à l'esprit, et je vis bien qu'il s'é-
tait incrusté dans mon royaume de manière à n'en faire jamais sortir sa mé-
moire. Il s'était adressé à tous, et tous
lui avaient répondu. Il avait parlé aux
hommes par le *Contrat social*, il avait
gagné les mères par l'*Émile*, et les filles
par la *Nouvelle Héloïse*. Il tenait la France
entière. Il allait régner plus que moi.
Voilà les idées qui m'avaient saisie à mesure que ce Jean-Jacques Rousseau s'ap-
prochait.

— Il vous aperçut enfin ?

— Un instant, je crus qu'il allait me marcher sur le corps avec ses épais souliers ferrés. Je n'aurais pas fait un mouvement, pas poussé un cri. Tout mon sang s'était figé dans mes veines, un sang royal, cependant !

— Singulier prestige ! murmura la princesse de Lamballe.

Ce ne fut que lorsqu'il me vit sous ses yeux qu'il s'arrêta. Ses sourcils se froncèrent, et je crus lire de la défiance dans sa physionomie.

« — Qui êtes-vous? me demanda-t-il d'un ton brusque.

» — Une... jardinière des environs... balbutiai-je.

» — Que faites-vous ici? que me voulez-vous? qui vous envoie? »

Il me jeta successivement ces trois interrogations, en attachant sur moi ses méchants petits yeux. Je parvins toutefois à me remettre un peu, et je lui répondis :

« — Je retournais au village, lorsque

» ma corbeille est tombée. Voulez-vous
» m'aider à ramasser mes fleurs?»

— Que fit-il alors, cet hôte farouche des forêts?

— Mon air de sincérité le désarma, et il sourit de ma demande naïve; ses regards se portèrent sur moi avec plus de bienveillance. Ah! j'étais jeune dans ce temps! Puis il parut hésiter, il se retourna comme pour s'assurer qu'il ne courait aucun risque d'être vu; enfin il se pencha et ramassa quelques-unes des fleurs que j'avais éparpillées sur le sol. Par ce beau jour, et dans ce bois enchanteur, c'était un tableau à inspirer Greuze; et j'avoue que ce n'était pas sans un sentiment de vanité que je contemplais cet homme célèbre incliné presque à mes genoux.

— En effet, j'aurais été curieuse de le voir.

— Tout en ramassant mes roses, il me questionna encore :

« — Êtes-vous fille ou mariée?

» — Mariée, dis-je.

»— Comment s'appelle votre époux?

»— Il a nom... Louis.

»— Et votre chaumière, est-elle bien
» distante d'ici?

»— Ma chaumière? repris-je en sou-
» riant à mon tour, non; elle est là tout
« près. »

Et mon bras s'étendait dans la direction de Versailles.

La malice que j'avais mise à ces dernières réponses ne lui échappa point. Il

tressaillit sous l'empire d'une pensée soudaine, et, se redressant avec plus de vivacité que n'eût fait espérer son âge, il me lança deux éclairs au visage.

Mais cette fois j'étais calme, j'étais moi.

—Il vous avait reconnue?

—Oui, il m'avait devinée. Toutefois est-il que ses lèvres laissèrent passer ce mot:

« La Dauphine! »

Je fis semblant de ne pas l'avoir entendu, et je lui dis :

« — Toutes mes fleurs sont-elles bien ramassées, M. Rousseau ?

» — C'était un piége ! » murmura-t-il sourdement.

— Le mal-appris !

— Ce fut vainement que j'essayai de reprendre la conversation sur un ton enjoué. Jean-Jacques était redevenu sérieux...

« — De la rancune ? » lui dis-je.

Il hocha la tête.

« — Non, répondit-il, de la tristesse. »

Je le regardai d'un air d'étonnement.

« — Quel sujet avez-vous d'être affligé,
» vous que tout le monde encense ?

« — Aussi n'est-ce pas de moi que je
» m'afflige ; il y a bien long-temps que
» je ne suis plus triste pour mon propre
» compte.

» — Qui donc est-ce que vous plaignez
» alors? lui demandai-je étourdiment.

» — Vous! »

— L'imprudent!

— Je demeurai sous le coup de cette réponse et ne dis rien; j'étais peu habituée à une telle franchise de langage, à une semblable assurance de maintien devant moi. Il ressemblait à mes courtisans comme un homme ressemble à des singes. On eût dit qu'il venait de comprendre ma pensée, car il ajouta:

« — Ce n'est pas dans votre présent que
» je vous plains, madame, c'est dans
» votre avenir. Jouez à côté du trône,
» maintenant ; mais une fois dessus, dites
» adieu, croyez-moi, à tous vos loisirs
» de jeune fille et à tous vos éblouisse-
» ments de jeune-femme. »

— Le méchant homme ! murmura madame de Lamballe.

— Jean-Jacques a eu raison. Depuis cette rencontre, mon frivole bonheur s'est écroulé, si bien écroulé qu'il n'en reste pas une pierre aujourd'hui. Je suis devenue haïssable à mes sujets, et la calomnie s'est glissée jusque dans mes antichambres pour me poursuivre de ses sifflements. L'autre jour, j'ai trouvé sur ma toilette un de leurs pamphlets. Jean-Jacques a eu raison. L'avenir! disait-il; oh! oui, c'est ce qui m'effraie. Chaque pas que je fais vers cet avenir me dévoile un nouveau malheur prêt à fondre. Mon mari, mon fils, la France! que de préoccupations! Mes yeux s'usent et s'éteignent dans l'insomnie; car, savez-vous, madame de Lamballe, souvent, pendant que le roi repose, je plonge mon regard dans les chiffres, je m'efforce à comprendre ces plans d'organisation, ces projets financiers, et le jour me surprend souvent lasse et toute pâlie à la vue d'un gouffre de dilapidations. Jean-Jacques!... c'est l'apparition de Jean-Jacques qui m'a porté malheur! c'est...

La reine n'eut pas le temps d'achever; sa voix s'étrangla tout à coup dans sa poitrine, son visage blanchit.

—O ciel! qu'a Votre Majesté? s'écria la princesse de Lamballe qui fut frappée de cette altération subite.

La reine, terrifiée, articula faiblement :

— Là... là...

Son doigt montrait un personnage qui venait d'apparaître dans le sentier.

— C'est lui!

— Qui, lui?

— Lui, vous dis-je; lui, Jean-Jacques Rousseau!

Madame de Lamballe crut la reine atteinte de vertige, car l'individu en question n'était qu'un homme tout à fait inoffensif d'aspect.

C'était Emile.

Il poursuivait sa promenade dans le bois, et n'avait encore vu ni la reine, ni la princesse.

— Oh! oui, c'est bien lui! reprit Marie-Antoinette, haletante et l'œil tendu; voilà bien sa démarche, sa taille, tout enfin! c'est Jean-Jacques!

— Madame! madame!

— Partons!

Elle se leva, mue comme par un ressort.

Au même instant Emile, qui portait ses regards à l'horizon, aperçut les deux femmes.

Il n'était séparé d'elles que par une dizaine de pas, lorsqu'il entendit ces paroles prononcées par la princesse de Lamballe :

— Que Votre Majesté se rassure, cet homme n'est pas celui que vous croyez?

Il resta immobile, saisi de respect et d'étonnement.

Votre Majesté! ce titre retentissait dans

sa tête; il avait donc devant lui cette femme, objet de tant de haines et de tant de sympathie !

Pendant le court espace d'une minute, il contempla sa pâleur douloureuse et put suivre sur son visage la trace des pleurs qui en avaient lavé tant de fois l'impérieuse beauté.

Marie-Antoinette avait passé la main sur son front; et quand elle releva ses paupières sur Emile, ce fut avec plus de calme et avec plus d'attention.

— C'est égal, murmura-t-elle en secouant la tête; j'ai l'idée que cette ressemblance me portera encore malheur.

En achevant ces mots, elle se laissa entraîner par la princesse de Lamballe, et toutes deux disparurent rapidement aux yeux stupéfaits d'Émile.

CHAPITRE QUATRIÈME.

IV.

Les folies d'un grand seigneur. — *Suite*.

A l'auberge du *Sanglier russe*, Emile trouva le domestique chargé de le conduire vers le duc de Noyal-Treffléan. Il le suivit, croyant obéir à un ordre de Trois-Mai.

Quelle ne fut donc pas sa surprise en se voyant face à face, non pas avec la fille, mais avec le père !

Celui-ci le reconnut immédiatement, et il ne put s'empêcher de dire :

— Il y a une fatalité... oui... je le vois bien... les hommes naissent par groupes, et chacun d'eux est fatalement condamné à ne se rencontrer et à ne vivre qu'avec les hommes de son groupe... Ce sont des sociétés dans la société, ou bien encore une troupe de comédiens engagée pour donner pendant un certain temps un certain nombre de représentations...

Bon gré mal gré, il faut qu'ils marchent ensemble, Héraclius avec Guillot-Gorju, Iphigénie avec Colin, le Turc avec le chevalier français... et moi avec ce jeune homme que le hasard, la destinée, la Providence, Dieu ou le diable m'ont donné pour compagnon !

Emile attendait debout.

— Voici la troisième fois que je vous rencontre sur mon passage, dit enfin le duc.

— Oui, monsieur.

—La première fois vous m'avez outragé, la deuxième fois vous m'avez nui. La première comme la deuxième fois il m'eût été facile, vous le concevez, de vous faire repentir pour le reste de vos jours de votre étrange audace, et la Bastille...

— C'eût été manquer votre but, M. le duc, car j'en fusse sorti la semaine dernière.

— A défaut de la Bastille, j'ai mes châteaux.

— Est-ce de celui de Clichy ou de celui de Gonesse que vous voulez parler, M. le duc?

— Il n'importe.

— C'est que vous savez bien que tous les deux ont été brûlés le 13 juillet par la justice du peuple.

Le duc de Noyal-Treffléan regarda ce jeune homme qui lui parlait si hardiment.

Puis, il reprit :

— Quoi qu'il en soit, je vous ai laissé

la vie sauve ainsi que la liberté. Mais je ne m'en fais pas un mérite, non; la première fois je n'ai pas pensé à vous, la seconde fois je vous ai oublié, ce qui revient à peu près au même. Je ne connaissais pas alors les motifs de votre acharnement.

— Quels motifs? demanda Emile.

— Nierez-vous que vous ayez tenté la séduction de ma fille?

— De quelle fille, M. le duc?

— De la mienne... de Trois-Mai...

— Je n'ai connu sous ce nom et je n'ai aimé qu'une jeune fille pauvre comme moi, enfant trouvée comme moi. Je l'ai aimée comme nous autres, les oubliés de la famille, nous savons aimer, c'est-à-dire avec la pureté d'une âme qui ne tenant tout que de Dieu rapporte tout à Dieu.

— Et vous l'aimez encore? demanda le duc.

— Je l'aime toujours.

— Jusqu'à quel point?

— Jusqu'au point de mourir pour elle.

— Heureuses gens que les amoureux! dit le duc avec un soupir; ainsi pour sauver Trois-Mai d'un péril vous n'hésiteriez pas à vous sacrifier?

— Et vous? dit Emile.

La question était indiscrète et vive.

Pris au dépourvu, le père ne sut que répondre.

— Ma fille, continua-t-il, est en ce moment en proie à une fièvre brûlante...

— O ciel !

— Votre présence peut améliorer son état.

— Oh ! je vous comprends, dit Emile : je vous comprends, faites-moi conduire vers elle !

— Un instant, arrêta le duc, dont le visage peignait l'embarras et dont la voix trahissait l'hésitation.

— Parlez.

— De l'avis des médecins eux-mêmes,

il serait possible que la convalescence de ma fille se prolongeât pendant quelque temps.

— Je suis absolument à votre service.

— C'est bien ; mais... ce n'est pas tout encore.

— Quoi donc?

— Inutile de vous dire que, visible ou invisible, mon intention est d'assister à vos entretiens.

— Ce serait votre droit, M. le duc, si ce n'était votre devoir.

— En outre, quoique je n'aie pas l'exigence de vouloir dicter vos paroles, il est néanmoins quelques questions et quelques réponses dont je tiens à diriger le sens.

— Rien de plus juste.

— C'est ainsi que mon désir est que vous parliez de moi à Trois-Mai.

— De vous, M. le duc ?

— Aussi souvent que vous en trouverez l'occasion.

— Et que faudra-t-il lui dire de vous ? demanda Emile.

— Tout le bien qu'une fille doit penser de son père.

Le jeune homme fit un mouvement.

— Ensuite ? dit-il.

— Ensuite, continua le duc de Noyal-Treffléan, il faudra lui vanter mon bon cœur, lui parler de la tendresse que j'ai pour elle...

— De votre tendresse.

— Oui.

— Après, M. le duc ?

— Lui dire qu'elle s'est trompée sur mon compte, justifier à ses yeux les moyens que j'ai dû employer pour arriver à son bonheur, lui montrer ce bonheur comme le but constant de mes efforts...

— Vos efforts ! s'écria Emile révolté.

— Enfin, je laisse à votre intelligence le soin de me gagner le cœur de ma fille.

— Est-ce tout, M. le duc?

— Oui, c'est tout.

— Il ne vous faut pas encore autre chose, pendant que vous y êtes? Cherchez bien. Le respect des mères, par exemple? La considération des vieillards? La reconnaissance des femmes que vous avez faites veuves?

Le duc ne daigna pas retourner la tête.

— Si la tâche que je vous ai proposé vous semble au-dessus de vos forces, vous pouvez partir, dit-il tranquillement.

— Partir, s'écria Emile, lorsque votre fille se meurt, et que ma vue peut la sauver !

— Que m'importe ? elle ne m'aime pas.

— Mais ce que vous voulez est impossible, songez-y donc !

— J'y ai songé, et c'est pour cela que je l'ai voulu.

— Votre fille vous aimer !

— Elle vous aime bien ; je veux partager avec vous.

— Dieu lui-même ne ferait pas ce miracle !

— Un amant le fera.

Il se fit un moment de silence entre eux deux. Emile observait le duc pour s'assurer qu'il ne raillait pas horriblement.

Mais le duc était calme comme à son ordinaire.

— Ainsi vous refusez ? dit-il en se levant de son fauteuil.

Émile ne remua pas.

— Je n'ai plus qu'un mot à ajouter, continua le duc de Noyal-Treffléan, mais un mot décisif. Je n'ai pas de préjugés : j'estime ou plutôt je méprise les hommes à un égal degré. Je suis riche, je suis puissant. Vous, vous n'êtes rien, vous n'avez qu'un avenir borné et chétif, votre sort dépend uniquement du hasard. Eh bien ! je me charge d'être le hasard pour vous. Je vous ferai monter aussi haut que vous pourrez vous tenir sans vertige. En un mot, agissez en sorte que je sois aimé de ma fille, et ma fille est à vous !

Une demi-heure après, Emile était au chevet de Trois-Mai, qui reposait, les bras en croix, étendue sur un grand lit à baldaquin.

Depuis un an qu'il ne l'avait vue, il remarqua en elle une altération profonde, augmenté encore par la fièvre.

Pâle comme une cire, les lèvres immobiles, les cils abaissés, elle semblait une sainte exposée à la vénération des fidèles.

Lorsqu'elle s'éveilla, il était nuit, tout à fait nuit. Un flambeau brûlait seul dans un coin de l'appartement et répandait une lueur somnolente sur les rideaux aux plis impénétrables, sur les meubles dont les angles de cuivre s'allumaient, au plafond dansant, et le long des lambris doré-sombre.

Emile écoutait avec anxiété la respiration de la jeune fille. Derrière lui, mais loin et caché dans le noir d'une tapisserie épaisse, un homme se tenait immobile et également attentif.

On ne distinguait de lui que ses deux prunelles, fixes et étincelantes.

Tout à coup Trois-Mai-eut un mouvement, ce mouvement fut suivi d'un soupir.

Emile se pencha vers elle avec précaution.

— Eh bien? murmura l'homme.

— Chut! fit Emile.

La jeune fille entr'ouvrit les paupières et d'abord elle ne vit rien, rien que le flambeau vacillant comme au souffle de sa fièvre, rien que la nuit qui se blottissait dans les rideaux, rien qu'un vase de roses éloigné d'elle, roses manquant d'air et dont la moitié des feuilles jonchaient déjà le parquet.

— Alors Émile s'avança doucement, et elle vit Emile. Elle lui sourit sans surprise, comme elle eût souri à un songe, et ses lèvres laissèrent échapper ces mots:

— C'est toi... je t'attendais...

Ayant dit, elle referma les yeux.

L'homme qui se tenait en arrière fit un geste, réprimé aussitôt sur un signe d'Emile. De ces trois cœurs, on n'aurait pas su dire celui qui battait le plus fort en ce moment!

Trois-Mai, les yeux toujours clos, souriant comme on ne sourit que dans le ciel, dit encore :

— Dieu nous a réunis, il a eu pitié de

nos souffrances... Viens, Emile... donne-moi ta main... allons le remercier!

Emile laissa prendre sa main par la main brûlante et sèche de la jeune fille.

Mais alors il se sentit toucher à l'épaule par son compagnon mystérieux.

Il tressaillit.

Faisant un effort sur lui-même, il murmura :

—Ce n'est pas Dieu qui nous a réunis, Trois-Mai, c'est... c'est votre père.

— Mon père? répéta-t-elle (et une amère expression agita les coins de sa bouche.) Ne me parlez pas de mon père!

— Que dit-elle? demanda l'homme en faisant un pas.

— Elle ne dit plus rien, M. le duc, elle s'est évanouie de nouveau.

Cette nuit-là, non plus que le lendemain, le duc de Noyal-Treffléan ne jugea pas à propos de recommencer une semblable et aussi dangereuse épreuve.

Il laissa faire Émile, qui lui avait conseillé d'attendre le rétablissement de Trois-Mai.

Ce rétablissement fut long, car elle avait été gravement éprouvée.

Les premiers entretiens de ces amants furent empreints de cette mélancolie qui accompagne toujours un bonheur brisé à l'aile.

Caché dans un cabinet attenant, le duc passait des heures entières à écouter les confidences et les récits qu'ils se faisaient de ce qui leur était arrivé pendant leur séparation.

Trois-Mai, à demi soulevée sur son coude, les yeux languissants, mais heureuse, écoutait Emile avec cette attention qui s'attache autant aux paroles qu'à la pensée, autant à la voix qu'aux paroles, autant au visage qu'à la voix.

Mais dès qu'il essayait de faire tomber la conversation sur le duc de Noyal-Treffléan, la physionomie de Trois-Mai s'assombrissait, son regard perdait son éclat, ses lèvres perdaient leur sourire, son cœur perdait sa gaieté. Alors elle gardait le silence, ou bien elle disait à Emile, avec l'accent d'une prière :

—Parlons d'autre chose.

Le pauvre jeune homme était bien obligé de se taire; mais le jour suivant il revenait à sa tâche avec plus d'insistance, avec plus d'habileté aussi.

Son esprit, que l'amour rendait ingénieux, inventait chaque fois de touchants mensonges; tantôt c'était une belle action accomplie par le duc de Noyal-Treffléan, un trait de générosité, la grâce d'un coupable obtenue auprès du roi, une villageoise dotée largement. Jamais avocat n'employa plus de zèle à la défense d'une cause désespérée.

Comment dépeindre les étonnements de Trois-Mai et l'air incrédule avec lequel elle ne pouvait se défendre d'accueillir ces narrations? Souvent elle les faisait recommencer, et elle s'écriait au milieu :

— En êtes-vous bien sûr?

Ou :

— Cela ne se peut pas!

Il fallait alors qu'il lui fournit la preuve de ce qu'il avançait, ce qui obligea le duc de Noyal-Treffléan à quelques actes réels de bienfaisance.

Elle ne s'expliquait pas l'obstination d'Emile à revenir sur un thème pour lequel il connaissait sa juste répulsion.

Aussi la cure morale essayée par notre héros allait-elle bien lentement, et maintes fois se sentit-il prêt à manquer de courage. Mais le duc était là toujours, qui répétait :

— Je veux partager avec toi l'affection de ma fille.

Œuvre sans nom! il lui fallait conquérir pour un tel monstre la tendresse de cette âme droite et pure, ou renoncer à elle et peut-être s'en voir séparé pour toujours.

Le duc de Noyal-Treffléan s'était soumis à n'entrer dans la chambre de sa fille que de nuit et pendant son sommeil. Mais alors on ne pouvait plus l'en faire sortir; il demeurait les bras croisés, immobile et réfléchi.

Cet homme était dans une phase d'esprit vraiment singulière, il ne prenait plus souci des choses ambiantes. Il ressemblait à un alchimiste qui, l'œil au fond du creuset, se pose cette interrogation : Diamant, ou caillou?...

La première fois que Trois-Mai aperçut cette tête, elle fut prise d'un frémissement nerveux qui ne cessa que lorsque le duc se fut retiré.

Cependant, sur les instances d'Émile, elle s'habitua peu à peu à le recevoir dans la journée et à répondre à ses interrogations. C'était tout ce qu'elle pouvait faire.

Pour le duc c'était beaucoup. Il faisait son apprentissage de la vie par les côtés simples et bons qu'il avait toujours dédaignés.

Cependant d'affirmer que la curiosité, l'amour-propre et l'entêtement n'agissaient pas en lui autant que la nature, c'est ce que je ne prendrai pas sur moi. Son caractère n'était pas de ceux qui fléchissent du jour au lendemain, et si pendant quelque temps il avait pu faire trêve à ses puissants caprices pour s'adonner à l'analyse miscroscopique des sentiments de famille, on devait supposer que son réveil serait formidable d'extravagance.

C'est ce qui ne manqua pas d'arriver.

Il avait résolu de célébrer la convalescence de sa fille par une de ces fêtes excessives, telles que son imagination en rêvait, telles que son or en réalisait. En l'absence de François Soleil, lequel poursuivait à Paris une œuvre colossale et qui sera prochainement expliquée, le duc s'en était remis sur Ariodant de l'exécution de son incomparable programme.

Ariodant était le génie subalterne de la maison, du moins se le figurait-il ainsi.

Imbu jusqu'à la moelle de la lecture des livres féeriques et chevaleresques, on n'aurait pas eu de peine à lui persuader qu'il était né du sultan Misrour et de l'infante Zoraïde.

Depuis sa jeunesse, il s'obstinait à ne porter que des habits orientaux ou de Céladons ; il savait composer des selams mieux que le prince Nourreddin et il avait appris par cœur les *Mille et une nuits*, les *Mille et un jours*, les *Mille et une faveurs*, ainsi que les Contes turcs, mogols, indiens, persans et japonais.

Il s'était créé un monde à part, le plus surprenant et le plus romanesque des mondes, peuplé de sens cachés et de prodiges invisibles : cueillait-il une fleur, il lui semblait entendre sortir la voix d'une fée ; allait-il à la pêche, le poisson qu'il amenait était immanquablement quelque fils de grand vizir condamné à demeurer captif sous cette forme pendant trois mille ans, pour avoir surpris la sultane en rendez-vous, un soir qu'il faisait trop de lune.

Cet être poétique était depuis six ans au service du duc de Noyal-Treffléan.

M. Soleil avait mis la main dessus comme on le conduisait aux Petites-Maisons, et il l'avait dirigé sur Versailles, de même qu'on envoie une curiosité dans un muséum.

Chez le duc, Ariodant présidait aux *enchantements* du parc : il avait inventé de remplacer aux heures du crépuscule les statues de pierre par des statues vivantes.

Le carquois à l'épaule, Diane palpitait réellement sous la tunique étoilée d'or ; Daphné, enserrée par un arbre, se débattait contre les rameaux envahisseurs. Cela constituait tout un harem sur des piédestaux.

Un soir qu'Emile l'avait surpris dans ses préparatifs de fête, Ariodant s'était décidé à lui raconter son histoire, ainsi que cela se pratique dans les romans d'Orient et d'aventures, où l'on inscrit en titre :

HISTOIRE D'ARIODANT.

et où l'on commence invariablement par cette phrase sacramentelle :

« Je suis le rejeton infortuné de ce fameux calife, dont vous avez probablement entendu parler... »

Ariodant avait divisé son récit en trois soirées, toujours comme cela se pratique dans les mêmes romans où l'on inscrit de nouveau :

SUITE DE L'HISTOIRE D'ARIODANT.

Et où le héros faisant asseoir son auditeur sur un monticule gazonné, continue de la sorte :

« Nous en sommes restés la dernière fois... »

L'histoire d'Ariodant était d'ailleurs

purement imaginaire ; on eût pu la trouver toute faite dans Aladin.

Une seule chose frappa l'attention distraite d'Emile et devait la frapper. J'ai déjà rapporté la singularité du visage d'Ariodant et comment son œil gauche tendait amoureusement à rejoindre son œil droit.

Il s'aperçut plusieurs fois de l'étonnement d'Emile; et à la fin il lui dit en souriant :

— Vous regardez mes yeux ?

— Oui, répondit-il.

— Le gauche vous surprend, n'est-il pas vrai?

— Et le droit aussi.

— Rien ne m'empêcherait de vous dire qu'ils datent tous les deux de l'époque où j'étais gazelle, mais il n'en est rien. Cette conformation étrange remonte au temps où j'étais sur le point de devenir cyclope.

— Cyclope!

— Grâce à la science profonde d'un vieux mire, mon maître divin, le savant Achmet Palmézeaux.

— Vous avez connu le docteur Palmézeaux ? s'écria Emile.

— Certes ! c'était un haut personnage de la Basse-Egypte...

— Il demeurait sur le quai des Augustins.

— Ah bah ! fit Ariodant étonné, vous l'avez donc connu, vous aussi ?

— Ce fut mon bienfaiteur.

— Quelle rencontre !

L'intimité d'Emile et d'Ariodant s'accrut beaucoup de cette confidence, et le second finit par pardonner au premier le stratagême musical dont il c'était servi pour pénétrer dans le parc du duc de N...l-Treffléan, et dont son amour-propre avait été d'abord justement froissé.

Cependant la fête devait avoir lieu le lendemain.

CHAPITRE CINQUIÈME.

V.

Les folies d'un grand seigneur. — *Suite*.

Des flammes... des cris... des ombres fuyant vers les arbres... tout un côté de Versailles qui flamboie, incendié!...

Le duc s'amuse !

La fête allait trop lentement à son gré.

Ce que voyant, il avait pris une torche et il avait mis le feu à sa fête !

Le feu partout !

Le feu aux arbres qui s'embrasaient comme des robes, le feu à la maison qui grondait sourdement à la façon des chats lorsqu'ils ronronnent !

Il avait appelé à son aide le feu qui vient si vite et qui s'en va si tardivement ! son bon ami le feu, qui brille, qui chante, qui s'étale, qui se fait jaune, vert, blanc, de toutes les couleurs ! le feu, cette joie et cette épouvante.

Et à la fin, il se sentait renaître, le duc de Noyal-Treffléan, en face de cet effroi et de ce tumulte.

Ah !...

Il respirait, au moins !

Il était lui, il se reconnaissait...

La fête allait trop lentement.

C'était pourtant une de ces belles fêtes nocturnes qui sont la traduction vivante des poëmes les plus merveilleux.

Ces poëmes, empruntés à toutes les nations, le duc de Noyal-Trefflean les faisait mettre magnifiquement en scène. Il ne reculait devant aucune imagination, si follement inspirée qu'elle fût, ni devant les fantaisies du *Royaume de satin*, de Rabelais, ni devant les impossibilités de *Gulliver*, ni devant qui, ni devant quoi que ce soit.

Il affrontait tous les poètes et toutes les poésies.

Mais baste ! toujours des lustres et toujours des violons ?

C'était fatigant à la longue, le duc l'avait compris et senti, et il avait mis le feu à sa fête, comme il aurait mis le feu à un bol de punch !

Les rondes s'étaient interrompues précipitamment, comme des guirlandes coupées par des ciseaux qu'on ne voit pas.

Les joueurs d'instruments s'étaient arrêtés, et un moment ensuite, tout le monde se sauvait, la peur aux talons. Un réseau flamboyant s'était élevé de terre et les environnait de toutes parts.

C'était l'incendie qui marchait et les pourchassait, l'incendie aux bottes de sept lieues.

Le parc riait, tout **rouge** !

Il avait de longues allées écarlates, dont les feuilles grésillaient, se tordaient et s'abattaient sur un sol plus clair que le clair midi.

Un paysage de braise !

Quelquefois le vent s'en mêlait aussi et organisait une chasse qui ne finissait pas. Le vent dans le feu, c'est chose terrible. C'est l'éperon dans les flancs d'un cheval d'Ukraine. Le vent, c'est la cantharide du feu.

Dans les taillis, entre les arbres frêles et vivement éclairés, c'étaient des pieds, des jambes qui se succédaient sans interruption sur un gazon chaud et grillé...

Des femmes vêtues de rien, des danseuses de ballets, des nymphes chaussées de soie, des bergères de comédie italienne, de pauvres filles échevelées, descendues à grande hâte de leurs piédestaux, fuyaient, la jupe attrapée par l'incendie, cothurnes dénoués, fleurs éparses, colliers perdus. De grands jets de flamme éclairaient soudainement de grands yeux effarés. Les étincelles pleuvaient, tournoyaient, s'envolaient ; elles s'épanouissaient, ces fleurs de la désolation, pour retomber en cendre dans les espaces noirs.

L'incendie allait son train !

L'incendie avait sa coquetterie. Quand il passait sur les étangs, il s'y attardait ; on eût juré qu'il y faisait sa toilette et qu'il peignait sa chevelure rougeâtre au peigne de roseaux qui bordait le rivage.

Crac... crac... crac... C'étaient des contrevents qui se détachaient, qui se fendaient et qui tombaient par terre. Il y avait un brasier de débris formé autour de l'hôtel. Les vitres éclataient, et le feu, le feu qui a si grand'faim, mangeait les rideaux, dévorait les meubles, ne faisait qu'une bouchée des tableaux. Avant d'entamer les grosses pièces, telles que les lits et les armoires, il se contentait de les roussir légèrement, puis il courait au plus pressé, semblable au bouffon Scaramouche qui crachait dans les plats, afin d'être assuré de les manger seul.

Indescriptible était la confusion. On ne pouvait porter de secours en aucun lieu, tout était embrasé à la fois. Hommes et femmes ne s'occupaient que de chercher un abri et laissaient brûler les choses.

Ah ! cela brûlait bien !...

Cela pétillait, cela lançait de grosses bouffées qui tourbillonnaient comme des trombes et se déchaînaient comme des ouragans.

Les oiseaux tombaient effrayés.

Les fleurs, dont une chaleur immense accélérait l'éclosion, s'ouvraient toutes larges, naissaient et mouraient aussitôt.

Puis tout à coup il se faisait de grands intervalles d'ombre, et tout à coup aussi de grands réveils de lumière. On croyait tout fini, et tout recommençait !

Tout recommençait avec plus d'acharnement, avec plus de colère.

L'incendie avait repris haleine et il

étendait ses bras pour envelopper sa proie d'une seule étreinte.

L'incendie n'avait plus grand'chose à faire dans le parc; d'ailleurs c'était viande creuse pour lui, jeu de petits garçons, flambe de Saint-Jean. Ces pauvres arbres se laissaient brûler avec une facilité et une résignation sans bornes, en gens qui s'y attendent. Peut-être même se croyaient-ils dans une cheminée. Il n'y avait pas de plaisir pour l'incendie.

Il se rejeta donc sur l'hôtel qui était dur et qui était fort, qui offrait de la résistance et ne paraissait pas disposé à faire bon marché de ses quatre murailles. C'était quelque chose, au moins. Il fallait le mâcher sérieusement avant de l'avaler. Ce fut sur lui que l'incendie concentra ses forces en l'attaquant comme un digne adversaire.

Le duel fut rude.

C'était un vieil hôtel bardé de fer comme un vieux baron. Il avait déjà plusieurs fois vu le feu, et il n'avait fait qu'en rire. Mais le feu, cette fois, n'y allait pas de main morte : il s'enlaçait, il se glissait, il prenait position partout. Tantôt il se jetait dans les œils-de-bœuf, et, un instant après, il en sortait comme un fou; il cherchait les ponts des portes et se faufilait en aiguille de flamme par les trous des serrures. On aurait cru qu'il était soufflé par un diable, il était soufflé par le duc de Noyal-Treffléan.

Le duc de Noyal-Treffléan était heureux, il regardait, il admirait !

Peu s'en fallait qu'il n'applaudît.

C'était son hôtel qui brûlait. Quelle joie !

C'étaient ses vastes domaines qui se consumaient. Quel plaisir !

C'était une partie considérable de sa richesse qui s'en allait en fumée. Quelle ivresse et quelle félicité !

Le duc de Noyal-Treffléan ne comptait pour rien les cris d'effroi, les imprécations, les agonies. Il avait son plan, d'ailleurs. Ce qui se passait n'était qu'un épisode du drame qu'il avait conçu.

Ses yeux étaient fixés constamment, au milieu du vacarme, sur un point de l'hôtel. L'attente se lisait dans sa physionomie, et on le voyait de temps en temps frapper du pied.

Et tout à coup, parmi les voix qui s'élevaient autour de ce désastre, il y en eut plusieurs qui s'écrièrent :

— Mon Dieu ! mon Dieu ! mademoiselle est dans la maison !

Ce n'était que trop vrai, et voici comment s'étaient passées les choses.

Trois-Mai assistait avec son père, du haut d'un balcon, aux danses qui s'étendaient dans le parc. Il était neuf heures du soir. Dans ces allées bruyantes, remplies d'une foule bariolée, dans ces bosquets semblables à des nids d'ariettes, dans ce paysage illuminé comme un casino d'Italie, son regard cherchait à découvrir Emile. Emile avait disparu. Le duc essayait vainement de la distraire de cette absence par sa conversation aimable et brillantée de traits d'esprit. Jamais il n'avait eu tant d'enjouement.

Vers neuf heures et demie, il descendit pour donner quelques ordres, et il laissa sa fille seule. Cinq minutes après le feu éclatait...

Il éclatait à tous les bouts du parc.

Il éclatait aux quatre coins de l'hôtel !

Trois-Mai, effrayée, descendit sans perdre de temps, mais, à sa grande terreur, elle trouva toutes les portes fermées, et non-seulement toutes les portes, mais encore toutes les fenêtres, toutes les issues. Elle appela, la maison était déserte. Alors elle remonta éperdue, s'appuyant aux rampes. La fumée commençait à venir à elle et les flammes du dehors se réflétaient énergiquement sur ce qui l'entourait...

Elle parcourut successivement tous les appartements de l'hôtel, en poussant des cris qui se confondaient dans le tumulte général. Le feu montait derrière elle, la suivait ou lui barrait le passage !

Bientôt Trois-Mai n'eut plus d'autre refuge que le balcon.

Le balcon qui était en pierre et en fer !...

Elle y revint, plus morte que vive, les cheveux flottants, et faisant entendre ce cri suprême :

— Au secours!... A moi!

Le feu, comme un acrobate qui danse sur la corde, se suspendait aux rosaces du balcon, passait, ondulait, s'y balançait. Poussé par le vent, il mordait quelquefois et emportait un pan de la robe de la jeune fille, ou bien passant par-dessus elle lui jetait des vagues de flammes sur la tête. Les diamants dont elle était parée au cou et aux bras étincelaient alors d'un éclat surprenant. Ainsi tordue et surgissant d'un cadre incandescent, elle ressemblait à quelqu'une de ces divinités élémentaires des mythologies du Nord.

Un grand cri de compassion s'échappa de la foule des assistants, lorsqu'on aperçut Trois-Mai dans cette position critique. Mais nul des serviteurs du duc ne pouvait ni n'osait lui porter secours. On ignorait la force de l'incendie à l'intérieur ; et, dans l'incertitude, quel homme, à moins que ce ne fût un amant ou un père, aurait eu l'audacieux courage de se hasarder dans cette fournaise ?

L'amant était absent.

Le père, seul, restait.

— A moi!... à moi! criait toujours Trois-Mai, les bras tendus.

Le duc de Noyal-Treffléan demeura une minute à contempler cette scène, et lorsqu'il l'eut assez contemplée il tira tranquillement une clef de sa poche et se dirigea vers l'hôtel. Son calme contrastait singulièrement avec l'agitation de tous ses serviteurs...

Il ouvrit la porte...

Une colonne noire et rouge le repoussa avec une violence telle qu'il faillit en être renversé.

Le duc la laissa passer, puis il entra.

Un mouvement d'admiration se fit dans la foule, qui attendit avec anxiété...

Trois-Mai était à bout de ses forces, elle ne luttait plus contre le feu et semblait prête à s'affaisser sur elle-même. Déjà une prière tremblait au bord de ses lèvres, lorsque le duc de Noyal-Treffléan parut sur le balcon.

Il était pâle comme la mort, ses vêtements à demi consumés laissaient deviner l'effrayant chemin qu'il lui avait fallu traverser.

En l'apercevant, alors qu'elle venait presque de dire adieu à la vie, Trois-Mai lança ce cri de joie :

— Ah! mon père!

Et elle se jeta dans ses bras...

Le duc de Noyal-Treffléan laissa voir sur sa figure un sourire de satisfaction et de triomphe!

Mais il ne perdit pas de temps.

Le plus difficile était maintenant à faire.

Il souleva sa fille comme on soulève une plume en lui tournant la face contre sa poitrine pour la préserver des baisers de l'incendie, il l'emporta rapidement sous une voûte crépitante et disparut aux yeux des gens du jardin...

Il y eut un moment d'attente terrible.

On n'entendait plus que le bruit de l'incendie qui allait en grandissant et qui cassait les poutres comme des baguettes.

Le duc ne reparaissait pas.

A travers les fenêtres vomissantes, impossible de rien voir. A entendre la tempête qui se faisait au dedans, on aurait pensé qu'il y avait grand bal de salamandres.

A la fin, un groupe étrange, traînant la flamme, apparut sur le seuil...

C'était le duc portant sa fille !...

Une immense clameur l'accueillit.

Il ne s'arrêta pas, il ne se reposa pas ;

son cher fardeau entre les bras, il passa comme une flèche devant les spectateurs ébahis et poursuivit sa course à travers le parc, droit devant lui, marchant sur les feuilles brûlantes, les yeux hagards, les jambes possédées, n'entendant rien et ne voyant rien !

Au fond du parc, épuisé, il tomba sur l'herbe.

Le feu était quasiment éteint dans le bois ; il ne courait plus çà et là que quelques étincelles vagabondes sur un fond sombre, pareilles à celles qui courent sur un papier consumé, et que les enfants appellent des voleurs.

La lune insouciante brillait avec cette pudicité que rien n'altère.

Trois-Mai, revenue à elle, entrevit son père presque défaillant, son père qui venait de l'arracher à la mort, qui pour elle avait exposé ses jours ! Elle n'écouta que la voix de la reconnaissance et elle se précipita à son cou...

Le duc de Noyal-Treffléan se redressa puissamment sous cette étreinte, la première qui lui vint de sa fille, et il s'écria :

— Allons! cela vaut bien un château brûlé et quelques arpents de terre de moins! Une caresse de ma fille, je l'aurais payée encore mille fois plus cher! Je sais donc enfin ce que c'est que la paternité! J'ai vaincu la nature!

Effectivement, le duc de Noyal-Treffléan avait mis lui-même le feu à son hôtel, tout exprès pour pouvoir presser sa fille entre ses bras.

CHAPITRE SIXIÈME.

VI.

Les folies d'un grand seigneur. — *Suite*.

Le lendemain, c'était le 5 octobre.

Il y avait juste deux mois que la reine Marie-Antoinette avait rencontré Émile dans le bois de Satory.

On se rappelle l'impression fatale qu'avait produite sur elle la ressemblance de notre héros avec Jean-Jacques Rousseau.

— J'ai l'idée que cette ressemblance me portera encore malheur ! avait-elle murmuré.

Marie-Antoinette n'avait pas été trompée dans son pressentiment.

Depuis cette rencontre, un jour ne s'était point passé sans qu'une douleur ne l'atteignît soit au front, soit au cœur, dans son orgueil de femme ou dans sa dignité de reine.

C'était le 5 octobre, au soir.

Le temps était *chargé*, comme on dit.

Il pleuvait.

Une nuée de femmes s'avançait sur Versailles...

Mais une nuée véritable, remplie de poussière, de cris et de bonnets volants !

Elles bourdonnaient comme des guêpes dont on a renversé la ruche.

Il y en avait des milliers, jeunes et vieilles, hideuses et charmantes, parées ou en guenilles; elles couvraient le sol et bouchaient l'horizon. Toutes étaient armées, toutes chantaient à tue-tête.

C'était extravagant!

Une jolie fille battait du tambour, ses deux baguettes étaient ornées de rubans.

Derrière elle, les escadrons coiffés de la Halle entonnaient le *Ça ira*.

Les unes étaient empilées sur des chariots ou dans des fiacres; elles passaient leurs visages et leur bras par les portières; d'autres étaient assises sur des trains de canons...

Paris vomissait tout son peuple en jupes, ses hordes de commères, de grisettes patriotiques, de Phyrnés fangeuses, de marchandes de marée et d'actrices subalternes.

Toutes celles qui devaient jouer un

rôle dans la révolution avaient choisi ce jour-là pour débuter.

D'abord Rose Lacombe, dans la fleur de ses vingt-deux ans, séduisante et imposante, la tête haute, le regard fier, une de celles qui savaient le mieux sourire et tuer. C'était une ex-tragédienne de province, alors tragédienne pour tout de bon à Paris. Elle avait un fusil pendu à son épaule et un poignard que sa main impatiente tourmentait, poignard plus terrible que celui des Atrides!

A la tête d'une autre colonne, Pauline d'Aunez, aussi fougueuse peut-être et non moins belle, venait en chancelant, roulant des yeux noyés d'ivresse et s'appuyant sur une poissarde aux larges pieds.

La bouquetière Louison, étalait comme dans une fête, la grâce de ses dix-sept ans; c'était Louison qui, la première, avait provoqué le voyage à Versailles.

A côté d'elle, une petite danseuse de corde de chez Nicolet avait revêtu sa robe de dentelles et de papier d'argent; elle escortait une pauvre femme dont l'amant avait été assassiné la veille, et qui, à demi délirante, portait au bout d'une perche un tambour de basque et un bonnet phrygien.

Aspasie Carlemigelli, plus connue sous le seul nom d'*Aspasie*, la même qui plus tard assomma Féraud à coups de galoches, soufflait sa rage à ses compagnes; elle sortait de l'hospice des aliénés, où une folie d'amour l'avait fait enfermer deux ou trois ans.

Françoise Roulin, la présidente, donnait majestueusement le bras à Louise Bourgeois, mignonne ouvrière en sculpture.

Puis, c'était les femmes Tournay et Lavarenne, deux furies, qui se pourléchaient les lèvres en songeant au sang qu'elles allaient verser.

Elles étaient là toutes, fourmillant avec un bruit d'enfer, se pressant, se heurtant et battant l'air de leurs clameurs.

Les unes criaient :

Du pain ! du pain !

C'était le plus grand nombre.

Les autres n'en voulaient qu'au roi ;

elles voulaient voir le roi et la reine, et les ramener à Paris.

Reine Audu venait ensuite, Reine Audu, la célèbre fruitière, surnommée la reine des Halles, grande et forte beauté, les poings campés sur la hanche, la voix tonnante et la cocarde au bonnet, un bonnet à la Bastille, représentant une tour garnie de deux rangs de créneaux en dentelle noire.

Quelques hommes s'étaient mêlés à leurs rangs.

Parmi eux on reconnaissait Maillard,

un des embaucheurs de cette journée ; il marchait en avant d'une troupe de gorgones titubandes, recrutées dans les égouts du faubourg Saint-Marceau, et qui ne cessaient de hurler :

Vive Maillard ! sur tous les tons ;

ce à quoi il répondait par cet autre cri :

Vivent les Parisiennes !

Maillard était en train de devenir un héros populaire.

Lentement, gravement, un homme

marchait au milieu de la foule, une hache sur l'épaule.

On eût dit, à son importance horrible, qu'il allait accomplir un sacerdoce.

C'était le monstre connu sous le nom de *Jourdan Coupe-Tête*.

Deux plaques blanches décoraient sa poitrine, insignes de l'ordre affreux d'une légion d'illuminés anglais qui l'avaient pris pour chef.

Un bonnet de fourrure couvrait son front, ses bras étaient retroussés.

Ancien exécuteur des hautes-œuvres à Maroc, il portait toujours sa barbe teinte de sang; et pour qu'elle ne fût pas décolorée par la pluie, il la tint longtemps à l'abri sous sa redingote, avant d'entrer à Versailles.

Cet individu, qui semble moins appartenir à l'histoire qu'à un conte d'ogres, avait commencé par arracher le cœur à Foulon et à Berthier; et l'on raconte que pour cet acte il manifesta publiquement l'intention de demander une médaille civique à l'Assemblée nationale.

C'était un digne général pour de

telles femmes, que ce bourreau-amateur, qui ressemblait moins à un homme qu'à une bête puante.

Elles le choyaient, elles l'entouraient.

— Jourdan ! mon petit Jourdan ! mon brave Coupe-Tête !

La cordonnière Simon se suspendait à son bras, et la jeune Monié, qui tenait une boutique de mercerie dans la petite rue du Rempart, passait un doigt coquet sur sa hache toute fraîche aiguisée, en s'écriant :

— Dieu ! comme c'est froid !

Mais le plus hideux spectacle c'était sans contredit celui que présentait une trôlée de trois ou quatre cents hommes, goujats enjuponnés, parmi lesquels on se montrait du doigt une figure méchante, grosse et basse, sur laquelle on collait un des plus célèbres noms de France, celui des d'Aiguillon, nom éteint, famille éteinte, et dont le dernier représentant mourut, dit-on, saltimbanque, sur le chemin de Naples...

Voilà les personnages qui faisaient irruption dans Versailles, la ville glorieuse, dans le Versailles de mademoiselle de la Vallière !

Voilà le monde aux pieds de boue qui entrait dans le pays de marbre, d'or et de verdure !

Le roi était à la chasse au bois de Meudon, avec le comte d'Estaing et M. de la Tour-du-Pic-Gouvernet.

Il ne restait que la reine.

Femme contre femmes !

La colonne des *dames citoyennes* s'avançait toujours.

Elle arriva sur la place du château devant la grille qui avait été fermée, et en dedans de laquelle se tenaient les gardes du corps à cheval, au nombre de huit cents.

Bientôt cette place, une des plus immenses d'Europe, se couvrit de cotillons, cotillons rouges, cotillons bleus, cotillons verts, cotillons de toutes nuances et de toutes formes...

Les plus impatientes donzelles occupaient les avant-postes.

La jeune Audine se déchirait les mains aux serrureries de la grille.

Madame Tison, du haut d'une charrette, apostrophait les officiers.

D'autres femmes, sous la conduite de Maillard, s'étaient jetées dans l'Assemblée nationale, avant que la séance fût levée.

— Du pain! hurlaient-elles, du pain!

C'étaient celles qui étaient ivres.

Elles se roulaient sur les bancs de la droite et de la gauche, pêle-mêle avec les élus de la nation, se montrant du doigt les membres du clergé et leur envoyant de sales épigrammes.

Quelques-unes se mirent à danser en rond, sans que l'on osât les faire sortir.

Debout sur une chaise, celle qui avait brigué l'honneur d'être surnommée la *Ninon du dix-huitième siècle*, l'effervescente Olympe de Gouges, essayait de haranguer le président. C'était une femme de lettres qui voulait à toute force être un homme d'État.

Bien qu'elle ne sût ni lire ni écrire, elle avait composé plusieurs drames dont un entre autres venait d'être joué récemment à la Comédie-Française.

Elle avait une beauté toute méridionale, des yeux pleins de provocation. Les uns prétendaient qu'elle était fille de Louis XV; quelques autres, de Lefranc de Pompignan.

C'était un choc d'interpellations à perdre la tête.

— Parle, député! tais-toi, député!

— A bas la calotte!

Maillard criait ces paroles historiques :

— Le peuple va mourir de faim ; il a le bras levé, craignez sa fureur !

Pendant que le temps se perdait en motions et en députations, la nuit s'avançait. La pluie avait redoublé, et il faisait un froid assez vif.

Les femmes se trouvant bien dans l'Assemblée, décidèrent qu'elles y passeraient la nuit. Des provisions furent apportées, le vin coula, et les refrains cyniques se succédèrent.

Tout engagement sérieux, tout combat avait été remis au lendemain.

Cette veille d'armes des femmes parisiennes offrait un spectacle inconnu jusqu'alors, et du plus pittoresque effet.

Sur la place d'Armes, les plus effrontées s'étaient installées dans l'hôtel Dangeau et dans l'hôtel de Roquelaure. Elles fraternisaient avec les concierges et remplissaient les escaliers.

De la paille étendue sur les pavés humides servait au plus grand nombre, qui s'abritaient sous des parapluies. On buvait de l'eau-de-vie pour se réchauffer.

Les affamées faisaient de la cuisine. Elles dépeçaient des chevaux enlevés aux gardes-du-corps, et que l'on faisait *revenir* en les posant sur des charbons ardents.

Des torches sillonnaient ce camp féminin.

Puis, comme il faut toujours que la danse ait sa part dans l'histoire de France, un ménétrier s'installa sur une barrique vide et fit sauter nos commères jusqu'au matin.

Dansez! la reine Antoinette presse sur son sein tremblant son fils et sa fille; mais que vous importe?

La reine Antoinette, derrière un rideau, contemple avec stupeur vos bacchanales patriotiques, cette orgie que l'on veut faire prendre pour une manifestation!

Dansez, femmes et jeunes filles, vous surtout, jeunes filles, qui serez un jour des mères, vous l'espoir du pays.

Dansez, Louison Chabry, Rose Lacombe, Aspasie, Pauline d'Aunez, enfants de dix-sept et de vingt ans!

Mais où donc est la première de vous toutes, la grande, la belle, où donc est la Théroigne de Méricourt?

Sur la route, pendant ce voyage de sept heures, on n'avait cessé de la voir à l'avant-garde.

Son amazone était rouge, les plumes de son chapeau étaient rouges aussi.

Elle criait et chantait plus fort que les

autres ; ses traits avaient une expression égarée.

A Versailles, elle s'était répandue avec un gros de femmes dans les rues adjacentes au château, dans la rue de la Chancellerie, dans la rue de la Surintendance, dans la rue de l'Orangerie, insultant aux trophées de pierre qui surmontaient les portes des hôtels, et, avec la crosse de son fusil, mutilant les écussons lorsqu'ils se trouvaient à sa portée.

C'était alors que la haine de Théroigne de Mirecourt contre les nobles se dévoilait entièrement.

— A toi, Bouillon ! à toi, Créquy ! disait-elle en frappant de son sabre les portes ; où donc êtes-vous, M. de Coislin, et vous M. de la Feuillade... et toi, Larochefoucauld ?... N'est-ce pas M. de Montausier qui met la tête à la fenêtre ?... Ohé !

Elle cassait les vitres...

Mais à travers son délire, Théroigne avait un but.

De rue en rue, elle arriva avec ses compagnes dans la rue des Vieux-Coches et elle se trouva bientôt devant l'hôtel du duc de Noyal-Treffléan.

L'incendie de la veille avait laissé peu de traces sur la façade de la rue ; et la nuit, qui commençait à s'épaissir, n'aidait pas à les faire reconnaître.

Elle dit aux femmes :

— C'est là que demeure le plus infâme des aristocrates ! Mort à l'aristocrate ! mort au duc ! Enfonçons la porte de son hôtel, et passons la nuit chez lui !

Cette proposition fut accueillie avec enthousiasme.

— Oui, oui, mort à l'aristocrate ! mort au noble ! hurlèrent-elles.

On eut facilement raison de la porte, qui céda au bout de quelques instants.

Une cinquantaine de femmes firent irruption dans les appartements, en poussant de folles clameurs. On imagine quel dut être leur désappointement....

L'obscurité était extrême, et la plus parfaite solitude régnait dans tout l'hôtel.

On marchait sur des débris; souvent des chaises tombaient en cendres sous la main qui les touchait.

Il y avait des crevasses au plancher, et les pieds s'embarrassaient dans les lambeaux de tapisserie.

Une secrète frayeur les gagna toutes,

Théroigne murmurait :

— La mort a passé par là... Qu'est-ce que cela veut dire?... Emile m'aurait-il vengée ? Ah ! oui, c'est cela...

Elle encourageait les femmes, mais celles-ci disaient :

— A quoi bon ? Nous sommes dans une maison brûlée : il faut chercher un autre asile.

— Marchons, voyons encore !...

Et elle les guidait par les escaliers croulants, en répétant tout bas :

— Tout est consumé ; c'est bien ! Emile a fait son œuvre...

— Théroigne, retournons sur nos pas,

disait une bouchère de la rue Pierre-au-Lard.

— Tu vois bien que l'aristocrate a été rôti ! ajoutait une blanchisseuse.

— Oui... murmurait-elle avec une joie sauvage, oui !...

Tout à coup elle s'approcha d'une fenêtre qui donnait sur le parc et elle promena ses regards au loin.

Mais alors elle poussa un cri.

Elle venait d'apercevoir la lumière d'un pavillon.

— Le feu n'a pas tout dévoré ! dit-elle sourdement.

Et désignant à sa troupe ce petit point brillant entre les arbres, éloignés d'environ cinq cents pas, elle se mit en devoir d'y marcher.

Les cinquantes furies passèrent par la fenêtre, silencieusement, n'osant pas abandonner Théroigne de Méricourt, dont elles subissaient l'ascendant.

Leurs pieds ne rendaient aucun son l'herbe mouillée.

L'attention qu'elles portaient à leurs moindres mouvements, l'inquiétude née des ténèbres, tout cela les avait empêchées de remarquer que depuis plusieurs instants, elles étaient suivies par un individu mystérieux.

— Approchons-nous, demandaient-elles.

— Tout à l'heure, répondait la Théroigne, l'œil sur le pavillon.

On distinguait deux ombres qui se dessinaient sur les rideaux : une ombre d'homme et une ombre de femme.

Quelque chose qui remua au cœur de Théroigne de Méricourt lui dit que cette ombre d'homme était le duc de Noyal-Treffléan.

L'autre... peu lui importait!

— Emile aura manqué son coup, pensa-t-elle ; à mon tour donc !

Elle arma son fusil, dont elle avait enveloppé la batterie pour la préserver de l'humidité.

Se tournant vers ses femmes, elles leur

fit signe de la main qu'elles eussent à garder le silence.

L'homme suivait toujours.

Quand les femmes s'arrêtèrent, il ne s'arrêta pas, lui.

Mais il tourna et se glissa le long du pavillon, qui était octogone.

Théroigne de Méricourt s'avançait, seule, le fusil à la main.

Bientôt elle ne se vit plus qu'à deux

pas de la fenêtre, qui était sise à hauteur humaine.

Alors, réprimant son souffle, elle colla son regard à un des interstices du rideau :

— Lui ! se dit-elle, c'est bien lui !

D'un bond elle fut debout sur l'appui de la fenêtre et faisant voler une vitre en éclats :

— A moi, mes femmes ! s'écria-t-elle.

CHAPITRE SEPTIÈME.

VII.

Les folies d'un grand seigneur. — *Suite*.

Voici ce qui se passait à cette heure de la nuit dans le pavillon.

Ce pavillon, le seul qui eut échappé

aux ravages du feu, était assez important et contenait plusieurs pièces.

Le duc de Noyal-Treffléan s'y était réfugié avec sa fille le soir de l'incendie, bien que M. de Mortemart et M. de Beauvilliers se fussent empressés de mettre leurs hôtels à sa disposition, et que le roi lui-même lui eût fait proposer deux appartements dans son château de Versailles.

Mais le duc avait remercié en prétextant son retour à Paris le lendemain.

Cependant le lendemain soir, le duc

de Noyal-Treffléan se trouvait encore à Versailles avec sa fille et voici pour quelles raisons.

La première c'est qu'il attendait M. Soleil ; la seconde c'est que Trois-Mai n'étant pas tout à fait remise des émotions de la veille, peut-être y eût-il eu danger pour elle à tenter ce voyage.

Il était donc en ce moment seul avec cette dernière.

Les quelques serviteurs qu'il lui restait, il les avait envoyés s'informer par la ville des progrès de l'invasion, car il ne voulait pas quitter sa fille d'une minute.

Trois-Mai ne regardait plus son père avec effroi, l'action de la veille l'avait absous à ses yeux de tous ses torts antérieurs

Bien qu'elle ne pût, à son approche, se défendre d'un reste de timidité, elle lui répondait complaisamment et laissait reposer volontiers sa main dans la sienne.

— Après m'avoir sauvé la vie, pensait-elle, il est impossible qu'il me veuille du mal...

Une seule idée revenait incessamment troubler la sérénité de cette physionomie gracieuse.

Qu'était devenu Emile ?

Pourquoi ne l'avait-elle pas vu pendant la fête, et depuis la fête pourquoi ne l'avait-elle pas vu ?

Lui était-il arrivé malheur ?

Plusieurs fois elle avait interrogé le

duc de Noyal-Treffléan, mais le duc de Noyal-Treffléan avait répondu vaguement, ou bien il n'avait pas répondu.

L'inquiétude de Trois-Mai croissait d'heure en heure.

Quand arriva le soir, elle ne put retenir ses larmes...

Elle baissa la tête et murmura le nom d'Emile.

Il sourit.

Et, après l'avoir silencieusement regardée, il jugea que le moment des explications était enfin venu.

— Pourquoi lui dit-il ce nom se rencontre-t-il si fréquemment sur vos lèvres ?

— N'est-ce pas celui d'un frère... d'un ami ? répondit-elle étonnée.

— Ainsi, continua le duc, si vous ne deviez plus revoir Emile.

— Si je ne devais plus le revoir ? interrogea Trois-Mai palpitante.

— Si lui-même devait vous quitter pour toujours...

— Oh! ce n'est pas possible!

— Qu'en savez-vous? répliqua froidement le duc; connaissez-vous donc la vie? savez-vous ce que valent les serments des hommes? Pas possible, dites-vous. C'est plutôt le contraire qui ne serait pas possible.

Trois-Mai fixait sur lui des yeux agrandis par l'inquiétude.

— Voyons, ma fille, continua-t-il sur

un ton plus affectueux, causons. Vous êtes jeune, vous ignorez bien des choses, vous jugez avec le cœur et conséquemment vous jugez faux. Je ne veux pas vous faire de la peine. Mais il est des sentiments plus durables que ceux de l'amour, je tâcherai que vous ne l'appreniez pas à vos dépens.

— Que voulez-vous dire? demanda Trois-Mai.

— Je veux dire qu'à défaut de votre expérience, la mienne saura vous éviter les sentiers trompeurs et glissants...

— Je ne vous comprends pas, mon père.

— Trois-Mai, dit le duc de Noyal-Treffléan devenu grave, vous ne devez plus aimer que moi à présent.

— Que vous, répéta-t-elle interdite.

— Moi seul.

— Mais... Emile...

— Il faut renoncer à Emile.

— Pourquoi donc cela, mon père ?

N'est-ce pas vous qui l'avez introduit dans l'hôtel ?

— Il est vrai.

— N'est-ce pas vous qui avez permis sa présence auprès de moi ?

— Je l'avoue, répondit le duc.

— Enfin, mon père, n'est-ce pas vous encore dont la bonté a souffert qu'un espoir de bonheur trouvât place entre nous deux ?

Le duc resta muet.

— Pourquoi donc, continua-t-elle, renoncer à Emile ? Pourquoi renoncer à un amour que vous-même avez encouragé ?

— Et si cet amour n'était pas digne de la fille des Noyal-Treffléan ? Si cet Emile ne méritait ni votre tendresse ni votre estime ?

— Oh ! mon père...

— Si ce n'était qu'un misérable ?...

— Cela ne se peut pas !

— Un assassin...

— Ciel !

Trois-Mai se leva, comme si le tranchant d'un éclair eût plongé dans ses yeux.

Et, souriant ensuite de ce sourire confus des gens qui croient avoir été joués :

— Oh ! mon père, quelle cruelle plaisanterie !

Mais elle s'effraya de le voir demeurer sérieux.

Il déploya une lettre qu'il froissait entre ses doigts depuis le commencement de cette conversation.

— Lisez, dit-il d'un ton glacé, qui fit frémir la jeune fille.

Cette lettre était de M. Soleil et voici ce qu'elle contenait.

« M. le duc,

» J'ai reçu la lettre où vous me faites l'honneur de me demander des renseignements sur ce jeune Emile admis aujourd'hui dans votre intérieur. Permettez-moi de repousser en partie les reproches que vous m'adressez au sujet de ma police mise, dites-vous, en défaut. Si je ne vous ai pas instruit plus tôt de l'amour existant entre votre fille et ce jeune homme, c'est que je comptais en tirer tôt ou tard quelque incident susceptible de vous réjouir. Le hasard a cette fois encore pris les devants sur moi et éventé la mèche que je préparais dans l'ombre.

» Je remercie toutefois le hasard qui vous a fait recourir à moi dans cette circonstance.

» Jamais il ne vous aura mieux servi. Cet Emile dont je n'ai cessé de suivre les traces jusqu'à ce jour peut être compté au nombre de vos plus redoutables ennemis. Vous en jugerez, lorsque vous saurez que dans une réunion tenue le quatorze juillet chez Théroigne de Méricourt, il a pris l'engagement de vous immoler au ressentiment de cette fameuse courtisane.

» Voilà ce qu'hier seulement j'ai appris et ce dont j'allais m'empresser de vous informer quand votre lettre m'est parvenue.

» Au reste, je pars demain matin pour Versailles, et j'aurai l'honneur de prendre les instructions de M. le duc au sujet de ce jeune homme et sur ce qu'il convient d'en décider. »

» François Soleil. »

Trois-Mai lut cette lettre jusqu'au bout sans que son visage en reçût d'autre expression qu'une pâleur livide. Arrivée au bout, elle la recommença avec le même sang-froid, et lorsqu'elle eut fini, bien fini cette fois, elle la remit au duc.

— Eh bien? lui demanda-t-il.

Trois-Mai ne répondit rien.

— N'avais-je pas raison, ma fille, en vous disant que désormais vous ne deviez plus aimer que moi seul?...

Il croyait être parvenu à l'apogé de son triomphe, il s'imaginait avoir conquis sa fille tout entière? Ce travail dirigé avec une habileté de stratégie luciférienne, il pensait l'avoir terminé, et déjà, levant son front audacieux, il était prêt à s'écrier :

« Victoire ! »

En ce moment, il lui sembla entendre un bruit au dehors : il ne se trompait pas ; c'était la horde de Théroigne de Méricourt qui pénétrait dans son hôtel désert.

Le duc de Noyal-Treffléau écarta le rideau, mais comme il ne vit rien, il le laissa retomber.

Sa fille était assise sur un canapé.

En se retournant vers elle, il fut frappé de son immobilité, et l'attribuant à un excès de douleur, il lui prit la main :

— Cette lettre t'a fait mal, n'est-ce pas ? Comme moi, tu es révoltée de tant de duplicité et de tant d'infamie..

— Cette lettre ment, répéta-t-elle avec tranquillité.

Le duc de Noyal-Treffléan fit un geste de surprise.

— Ma fille...

— Cette lettre ment, répéta-t-elle.

— Soleil ne se trompe jamais.

— Il s'est trompé, mon père ; Emile n'est ni un misérable ni un assassin, vous ne pouvez sérieusement l'avoir cru.

— Je crois tout, répondit le duc.

— Je réponds du cœur d'Émile comme du mien.

— Et moi, je te dis qu'Emile n'est venu à Versailles que pour m'assassiner !

Il n'avait pas achevé ce dernier mot

que la fenêtre du pavillon s'ouvrit précipitamment, au bruit de toutes les vitres brisées, et que Théroigne de Méricourt apparut dans l'horreur théâtrale de ses vêtements rouges, l'œil flamboyant, le fusil à la main!...

Derrière elle, au signal qu'elle avait donné, la bande des femmes révolutionnaires s'était groupée rapidement. Elles avançaient leurs têtes curieuses et féroces, pour jouir de la scène qui allait se passer.

Les types les plus ignobles étaient représentés là ; il y avait des yeux écarlates, des lèvres blanches, des chevelures exaspérées, chiendent, crin ou filasse. Elles se fussent tous les matins débarbouillées avec du vitriol qu'elles n'en eussent pas paru plus horriblement défigurées. Le fond ténébreux sur lequel elles se détachaient, frappées seulement à la face par un jet de lumière venu du pavillon ; les armes qu'elles élevaient, le cri qui avait répondu à l'appel de Théroigne de Méricourt, tout cela leur donnait un relief étrangement sauvage. Qu'on s'imagine une porcherie de Brauwer poussée dans le sens meurtrier.

Le duc de Noyal-Treffléan n'eut pas le

temps d'être étonné, il n'eut que le temps de voir.

— Je suis Lambertine, la fille des Théroigne! lui cria la courtisane; reconnais-moi et meurs!

Elle le coucha en joue...

Le coup allait partir, lorsqu'un homme, celui qui depuis quelques instants suivait les femmes dans le parc, s'élança soudainement à son côté et abattit la main sur son fusil.

— Tonnerre! mugit la Théroigne,

Trois-Mai avait poussé un cri de joie.

— Emile ! exclama-t-elle, Emile !...

Et, se jetant au cou du duc de Noyal-Treffléan stupéfait :

— Ah ! vous voyez bien, mon père, que j'avais raison !

Pendant ce temps-là, une lutte s'était engagée entre Emile et Théroigne de Méricourt. Ecumante, la rage aux lèvres, celle-ci vociférait :

— Fourbe ! infâme ! vous périrez tous les deux !

En effet, comme les harpies au bec et aux pattes d'airain, les poissardes allaient se jeter sur eux, et rien ne semblait pouvoir les arracher à ce péril. Le duc de Noyal-Treffléan, enlacé convulsivement par sa fille, cherchait à saisir son épée sur un guéridon, afin d'éventrer au moins cinq ou six de ces femelles, quand un secours inespéré lui arriva.

La porte du pavillon, opposée à la fenêtre, s'ouvrit bruyamment, livrant passage à une grosse harengère, pavoisée de rubans et habillée avec folie.

D'un coup de poing, elle renversa le flambeau qui éclairait tout ce désordre, et l'obscurité régna complète.

Alors, profitant d'un premier instant de surprise et de trouble, elle entraîna le duc et Trois-Mai, en leur disant vivement à voix basse :

— Par ici ! par ici ! je suis François Soleil !

CHAPITRE HUITIÈME.

VIII.

Les folies d'un grand seigneur. — *Suite.*

Sur la table d'un cabaret, les coudes appuyés, l'œil stupide, cette femme qui est assise, plusieurs bouteilles devant elle, c'est Théroigne de Méricourt.

Elle boit en attendant le jour.

Le cabaret est triste et éclairé à peine; l'hôte dort sur un coin de son comptoir, il a la face dans le vin et les bras étendus.

La nuit est noire comme du charbon; par la porte restée ouverte toute grande on entend la pluie qui tombe, et ce bruit a quelque chose de monotone et de navrant. Il faut descendre plusieurs marches pour entrer dans ce bouge, où l'on sent à plein nez l'odeur des brocs.

D'autres femmes sont assises à d'autres

tables, la plupart sommeillent par terre, attendant comme Théroigne que le jour leur permette de courir au château de Versailles, où l'affaire sera chaude.

Il est deux heures du matin, on entend par intervalles les cris qui remplissent la place d'Armes et les chansons dont s'égaye la salle de l'Assemblée.

Ces préludes nocturnes d'une émeute sont pénibles; c'est la menace plus affreuse que l'exécution, c'est le geste plus terrible que le coup.

La Théroigne remplit son verre et boit.

et sur ses lèvres humides et rougies flotte un sourire de cruauté.

Brrr... fait le vent noir en s'engouffrant Le vin coule, épais, dans sa poitrine et dans sa raison. Elle boit souvent ; c'est du vin rouge, dont le verre reste teint après qu'il a été vidé. Mais cela lui importe peu. Elle est seule à boire. Ses armes sont déposées à côté d'elle, sur le banc. Par moments elle y jette un regard, dans la porte du cabaret, des gouttes de pluie s'en viennent tomber jusque sur les pieds de la buveuse.

Théroigne prend sa bouteille et verse

toujours. Elle a le calme et l'habitude. Les objets extérieurs disparaissent à ses yeux. Cependant, l'ivresse est là autour d'elle, qui désire et qui rôde, semblable à ces oiseaux sinistres qui tournoient longtemps autour de leur proie, attendant, pour s'abattre, qu'elle ne bouge plus.

« — Puis-je venir ? » semble dire l'ivresse.

« — Pas encore. »

Et la deuxième bouteille égouttée, l'ivresse redemande s'il est temps.

« — Tout à l'heure, » lui répond-on.

L'ivresse s'impatiente, on dirait Barbe-Bleue criant à sa femme :

« — As-tu bientôt fini tes prières?... »

Mais cette nuit-là, c'est Théroigne de Mirecourt qui cherche l'ivresse et qui va au-devant. Elle a besoin de s'étourdir, de se monter la tête. Elle voudrait prendre sa pensée à deux mains et la noyer par le cou, comme on fait d'un chien. Bois et disparais ! Mais la pensée est capricieuse, et elle ne regimbe jamais tant que lorsqu'on veut l'asservir.

La pensée de Théroigne se débat dans les flots du vin rouge et revient incessamment à la surface. Tout bas elle se rappelle les événements de la soirée et par quel incroyable hasard le duc de Noyal-Treffléan a été soustrait à sa vengeance.

A ce souvenir, on voit son buste agité par un tremblement. Elle marmotte dans ce pâteux idiome des gens pris de boisson et que leur langue embarrasse à l'égal d'une éponge alourdie.

— Les autres payeront pour lui demain... Oui, demain sera le grand jour. Je serai sans pitié pour les nobles, je les écraserai tous, tous ! tous ! Peut-être se trouvera-t-il dans le nombre... J'ai la tête qui me brûle... L'avoir tenu au bout de mon fusil et le savoir encore vivant, et penser qu'il se rit peut-être de moi au moment où je parle !... Pouah ! ce vin ne vaut pas le diable, j'aurais mieux fait de demander de l'eau-de-vie... cela agit plus vite...

« Et cet Emile, ce traître, lui aussi ligué contre moi ! qui s'y serait attendu ?... J'ai soif...

Théroigne boit encore. Elle rit à son vin qui ne rit pas, lui, mais qui bouillonne sérieux et chaud, comme un vin de révolution.

Théroigne se sent serrée dans sa jupe d'amazone, elle fait sauter deux ou trois boutons de son corsage. Comme cela, elle respire mieux. Sa tête bat le vide sans contrainte. C'est Erigone affolée de Bacchus, Erigone couronnée de grappes noires, le sein sans voiles et se tordant sous les délires du vin.

Un quinquet *filant* l'éclaire en plein, l'éclaire seule ; les autres femmes dorment dans une obscurité malpropre, elles ronflent avec un bruit d'océan.

Au dehors la pluie s'est ralentie un peu.

Depuis quelques instants, un homme s'est arrêté devant le seuil du cabaret, il s'est arrêté et a regardé d'un air timide et curieux. Ses habits sont ruisselants. Il croit que tout le monde dort et il se hasarde enfin à descendre les marches.

C'est un homme que nous connaissons, il est vêtu de rose, il a des escarpins ornés de rubans; mais cette nuit-là ses rubans sont couverts de boue, ses escarpins crevés traînent l'eau après eux.

Il fait pitié, car il est percé jusqu'aux os, et son habit de satin, qui a la transparence d'une pelure d'oignon, s'est collé sur lui comme un second épiderme.

D'où vient-il ?

Son visage craintif et doux est entièrement bouleversé ; son œil droit exprime l'abattement, son œil gauche exprime la terreur.

Pauvre Ariodant!

Il tient sa flûte sous le bras. Il entre dans le cabaret. Il marche sur la pointe des pieds et cherche une place pour s'asseoir, une place où il ne gêne personne, car il va tomber de fatigue.

Comme Théroigne ne fait aucun mouvement, il croit qu'elle est endormie, et c'est sur le banc en face de Théroigne qu'il se pose sur le coin et sur le bord de ce banc. Puis il retient sa respiration et regarde tout autour de lui, comme pour se rendre compte de l'endroit où il se trouve; son visage peint l'étonnement, il croit faire un vilain rêve.

Mais en se relevant, sa petite tête dodelinante, voici qu'il aperçoit, dardés sur lui, les yeux de la courtisane...

Ariodant s'effraye de cette femme tout de rouge habillée, et qui le regarde comme le soleil regarde un coquelicot. Il ne sait s'il doit rester ou s'en aller. Elle le toise en silence, et quand elle l'a toisé, elle se remet à son verre. Lui, cependant, reprend un peu de confiance, il parvient à rassembler sur ses lèvres les éléments d'un sourire, et après un quart d'heure d'hésitation il s'enhardit à prononcer les mots suivants :

— Madame, qu'est-ce qu'il se passe donc à Versailles ?

La Théroigne dit :

— Hein ?...

Ce qui l'oblige à répéter sa phrase insolite ; mais cette fois avec une voix tremblante et presque inintelligible :

— Tu me demandes ce qui se passe à Versailles, toi, répondit la Théroigne ; ah çà ! tu es donc aveugle et sourd... ou bien tombes-tu de la lune ? Ohé, Françoise et Marie, en voilà un qui demande ce qui se passe à Versailles !...

Mais Françoise et Marie dorment comme des bûches.

— Est-ce que tu serais un aristocrate, par hasard? reprend-elle en fronçant ses noirs sourcils.

— Je suis un domestique.

— Ah! c'est cela... on te laisse dans l'ignorance... on te cache les événements politiques. Voilà bien les nobles! Tiens, bois un coup...

Ariodant n'ose pas refuser.

— Comment le trouves-tu? lui demanda la Théroigne; est-ce que tu en bois de meilleur chez tes maîtres? Vois la belle couleur! ils appellent cela une robe, la robe du vin; comme c'est bien inventé! Prends encore et ne te gêne pas. Bois, pauvre domestique; bois, victime des préjugés; bois tout ton soûl, pour te venger de la société. Ne me demandes-tu pas ce qui se passe à Versailles?

— Oui, dit Ariodant en s'essuyant la bouche.

— Eh bien! voilà. Je vais te le dire. Ce qui se passe à Versailles, c'est la justice. Tu comprends. Le peuple veut qu'on l'écoute à son tour, il souffre. Bois donc. Le peuple n'aime pas les nobles, parce que les nobles ne l'aiment pas, c'est clair. Le peuple est bon et possède tous les grands instincts. Il va tuer les nobles et raser leurs hôtels, parce que, vois-tu, leurs hôtels sont trop beaux et que c'est honteux. Certainement il ne tiendrait qu'à lui de s'y installer, mais il sait que ce n'est pas sa place, et, comme il ne veut pas que d'autres s'y mettent, alors il préfère les démolir. C'est bien simple.

— Comment, murmure Ariodant

éhahi ; on vient tuer les nobles ?

— Oui.

— Et les ducs aussi ?

— Parbleu ! s'écrie Théroigne de Méricourt.

— Mais alors, qu'est-ce que je deviendrai, moi ?

— Ce que tu deviendras ? tu deviendras libre, libre comme l'oiseau, libre comme l'air !

— Hélas! voilà un jour que je suis libre, soupire Ariodant, et voilà un jour que je suis malheureux.

— C'est que tu n'es pas encore accoutumé à la liberté; tu t'y feras.

— La liberté, ce n'est donc pas le bonheur?

— C'est mieux.

Ariodant se tait, et la Théroigne lui verse à boire. L'ivresse l'a gagnée et la tient tout entière. Elle regarde les murs, elle regarde le plancher; il se fait une musique dans sa tête qu'elle écoute distraitement.

Le cabaret, à demi plongé dans l'obscurité, se teint à ses yeux de couleur d'or. Joignez à cela l'homme rose qu'elle a vis-à-vis d'elle.

Théroigne est heureuse, Théroigne est belle, elle se mire dans son verre et caresse la bouteille aux flancs sombres; puis elle entonne des chansons, chansons amoureuses, chansons grivoises, chansons politiques et guerrières.

Sa voix appelle le jour.

— Qu'as-tu donc à ton côté ? C'est une flûte. Joue-moi de la flûte. Tra, la, la, la, la !

Ariodant obéit.

— Plus vivement, plus gaiement ! Fi de cet air mélancolique ? Es-tu un joueur de cimetière ? Bois une rasade, le vin donnera des ailes à ta chanson ! Ah ! quand j'étais jeune, comme j'en savais de belles ! Ecoute... Non, ce n'est pas cela... Presto ! allegro !

Ariodant mouille sa flûte de ses larmes.

Il joue de la sorte tous ses beaux airs, il les joue pendant une heure au moins, et il réveille le cabaret.

Les femmes qui dorment le nez en terre se remuent, et ayant l'oreille ouverte, elles ouvrent l'œil. Elles voient par la porte une pâle lueur qui est le jour, elles entendent le son d'un instrument et elles se demandent où elles sont.

Peu à peu la connaissance leur revient en s'apercevant les unes les autres. Elles se soulèvent, elles se lèvent, elles bâillent, elles s'étirent, elles se remuent sur le sol comme des larves; ce réveil est horrible à voir. Elles viennent, en s'appuyant aux tables, se poser diversement autour d'Ariodant, les unes assises, les autres debout.

Il les examine d'un air effaré, tout en jouant, et, malgré lui, il compare cette matinée hideuse et fantastique aux matinées du parc, alors que sa flûte résonnait sous les ombrages brillants de rosée et réveillait les oiseaux frissonnants.

Au lieu d'ombrages, il n'a que la voûte suintante d'un mauvais gîte; au lieu d'oiseaux, que les masques terreux d'une douzaine d'abruties, qui l'écoutent comme les lices devaient écouter Orphée.

Il comprend dès lors que quelque chose se trame et que la poésie va se retirer de sa vie. Aussi ce qu'il leur joue est-ce son chant du cygne, son adieu mélancolique. Quand il a fini, elles s'aperçoivent qu'il pleure.

— Voilà son vin qui lui sort par les yeux, dit Théroigne ; il a la flûte tendre.

— Qu'a-t-il donc, ce perroquet ? demande Françoise.

— Il ne veut pas qu'on tue les nobles, répond Théroigne; ça lui fait de la peine, à ce chéri.

— Voyez-vous pas !

— A quoi est-il bon, alors?

— Hélas! mesdames, répond Ariodant, je ne suis bon qu'à être heureux. Je sais bien que cela ne vous paraît pas suffisant, mais je n'étais pas fait pour faire un homme. J'aurais dû naître un bel arbre de printemps; j'aurais chanté et brillé toute la journée, voilà ce qu'il m'aurait fallu. Je ne peux vivre qu'à l'ombre des nobles, dans leurs salles et dans leurs parcs.

Pourquoi vouloir faire de moi un maître, tandis que je ne suis bon qu'à être un domestique? Je serai un maître affamé et en guenilles, je suis un domestique pansu et couvert de riches étoffes. Je ne veux pas changer. Je n'ai ni esprit, ni génie, ni talent; je ne suis bon absolument qu'à être ce que je suis. J'aime, moi, petit et chétif, à me voir entouré de gracieux visages, de gens magnifiques, de meubles incrustés, de tableaux de prix; du moment où je serai privé de tout cela, je mourrai. Hélas! je vois bien que la révolution que vous faites ne me profitera pas. Pourtant si j'ai pu vous amuser quelques minutes, je vous prie de m'accorder une grâce, ce sera la première et la dernière, ce sera la seule, mesdames.

On avait écouté cet étrange et naïf discours avec un étonnement sans pareil. Quelques-unes n'y avaient rien compris. Toutes regardent cet individu rose, qui avoue si franchement son amour du beau, du riche et du gai.

— Quelle est cette grâce? demande la Théroigne.

— Promettez-moi, dit Ariodant, d'épargner un de ces nobles dont vous parliez.

— Ton maître, sans doute ?

— Oui.

Un brouhaha d'indignation s'élève parmi les femmes. Mais Théroigne les réprime du geste.

— Et... le nom de ce noble ?

— C'est un digne seigneur, un riche

et généreux gentilhomme, c'est le duc de
Noyal-Treffléan...

Théroigne blêmit. Tout le sang se retire de ses veines, tout le vin de sa tête.
Le duc! le duc! le duc! Ce nom lui apparaît continuellement comme une raillerie insolente, sanglante !

Elle rejette les bouteilles d'un revers de
bras, et s'appuyant des deux poings sur
la table, elle met sa figure éblouissante
de rage, à deux lignes de celle d'Ariodant :

— Ah! tu es le laquais du duc de

Noyal-Treffléan ! Ah ! ah ! tu es son esclave, son confident, son espion peut-être ! Tu es le laquais du duc de Noyal-Treffléan, et tu oses le dire, ici, tout haut, devant moi ! Parbleu, tu es un drôle bien avisé !

Ariodant tremble.

Les femmes se sont resserrées autour de lui. Elles grondent.

Mais Théroigne :

— Non ! non ! laissez-le-moi ; il m'appartient ; c'est un émissaire du duc de

Noyal-Trefléan. Car tu l'as dit, n'est-ce pas? j'ai bien entendu. Le duc! Qu'est-ce qu'il t'envoie faire ici, le duc?

— Elle le secoue au collet, lui pâle, ahuri, sans résistance.

Le jour est arrivé, le grand jour. Il est entré dans le cabaret, il a réveillé l'hôte. L'hôte s'enquiert du bruit que l'on fait. On ne lui répond pas, on presse Ariodant et on le menace. Avec le jour arrivent les huées de la rue, les cris, l'appel aux armes. Tout Versailles est sens dessus dessous.

Deux ou trois coups de feu isolés ont retenti dans la direction du château. On voit passer des groupes ardents, hommes et femmes, des députés. Voilà le jour, le grand jour qui ravive toutes les haines et toutes les fureurs, toutes les ambitions et toutes les folies!

— Théroigne, il est jour, abandonne cet insensé et courons au château.

— Qu'il vienne avec nous! dit une autre.

— Tiens, prends ce sabre et marche.

On donne un sabre à Ariodant, mais

Ariodant laisse choir ce sabre trop lourd pour son bras. Il retombe sur le banc d'où le poignet de Théroigne essaye de l'arracher.

— Non, dit-il.

Le cercle des femmes tombe sur lui, les unes le prennent à la gorge, les autres le tirent par les pieds. Il est à terre. On a vu luire une flamme d'acier. C'est une mêlée sans forme ; l'hôte s'esquive et va mettre sa conscience à l'abri dans sa cave.

Ariodant pousse des cris inarticulés,

il est enseveli sous une colline de femmes, il appelle au secours. Tout à coup, sur le seuil du cabaret, un homme se montre.

C'est l'homme à la hache, c'est Jourdan Coupe-Tête. Il contemple un instant ce tableau qui semble lui faire plaisir, car ses lèvres s'écartent et il sourit. Il descend enfin.

A son aspect, les femmes se détournent. Elles lui désignent du doigt l'infortuné joueur de flûte. Le Coupe-Tête a compris.

Il fait entendre un ricannement joyeux,

et saisissant sa hache il se dirige vers la victime.

Ariodant, dont l'habit de satin n'est plus qu'un lambeau, Ariodant essaye de se relever, lorsqu'il aperçoit Jourdan Coupe-Tête. Il ouvre la bouche pour crier, et reste glacé d'horreur.

Jourdan Coupe-Tête n'a plus que deux pas à faire, mais il vient de distinguer une tache sur sa hache et il s'arrête pour l'essuyer avec un pan de sa redingote.

Ariodant le regarde, sa situation est

atroce, il rampe sous la table et recule tant qu'il peut.

Son bourreau ne s'en inquiète pas davantage que d'une araignée qu'il sait pouvoir atteindre en deux enjambées ; il nettoie son arme, la rend bien luisante.

Quand il a fini, il cherche de l'œil, et voit Ariodant tout contre le mur, qui se blottit et s'efface. Il va à lui. Ariodant, que la peur galvanise, se jette de côté, mais il rencontre les femmes, il court derrière le comptoir, il implore une issue. Jourdan Coupe-Tête le suit impassiblement

Cette chasse va finir. Ariodant rencontre une porte, il la pousse des genoux, il se croit sauvé.

Malheur ! c'est un cabinet sans issue. Jourdan le suit et entre derrière lui. La porte se referme.

Un cri affreux...

— A ta santé, Coupe-Tête ! dit la Théroigne en lui versant à boire.

— A ta santé ! répondit-il en caressant sa barbe.

— Et maintenant, au château ! crient les femmes, au château !

La tête d'Ariodant est mise au bout d'une pique, et, précédées de cet étendard sanglant, les Parisiennes quittent le cabaret, sous la conduite de Théroigne de Méricourt.

On sait ce que dura l'assaut et comment la famille royale, mitron et mitronneaux, furent ramenés en triomphe ! Quel triomphe ! Mais le peuple a de ces caprices étonnants : il hait et il adore dans la même heure. Tout à l'heure il va poser une couronne sur la tête de celui qu'il voulait jeter à l'eau. Versailles, de ce jour-là, fut dépossédé de son prestige immense ; Versailles ne fut plus Versailles.

Le peuple était entré dans le palais, dans le parc ; il était entré partout ; il s'était regardé dans les hautes glaces vénitiennes, lui et ses pieds de cuir ; il s'était regardé et il s'était trouvé très-laid, ce qui l'avait outré.

Aussi, dans son dépit inintelligent, avait-il cassé les glaces et coupé le cou à deux ou trois gardes du corps. Alors il s'était trouvé moins laid.

—C'est égal, murmura Jourdan Coupe-Tête en s'en revenant (et ce mot a été conservé par l'histoire), ce n'était pas la peine de me faire venir à Versailles pour trois têtes seulement !

CHAPITRE NEUVIEME.

IX.

Les folies d'un grand seigneur. — *Suite*.

— Eh bien ! M. Soleil, m'expliquerez-vous tout ce que cela veut dire, enfin?

Telle était la question que posait, huit jours après ces événements, le duc de

Noyal-Treffléan à son intendant François Soleil.

Celui-ci souriait, était à son aise, remplissait parfaitement la chaise où il était assis.

— Ce que cela veut dire, monseigneur?

— Oui.

— Cela veut dire que le peuple français fait une révolution.

— Parbleu! je le vois bien! répondit

le duc ; mais ce n'est pas cela que je vous demande.

— Qu'est-ce que vous demandez donc, M. le duc ?

— D'abord, pourquoi étiez-vous déguisé en femme le 5 octobre ?

François Soleil toussa, regarda une gravure qui représentait Héro versant un vase d'huile sur la tête de Léandre, et répondit :

— Monseigneur, c'est tout simple ; c'est que, dans mes instants de loisir, je fais de la démocratie pour mon compte.

— De la démocratie.

— Oui, monseigneur, c'est un nouveau mot qui exprime une ancienne chose.

— Démocratie ! démocratie ! je le veux bien ; mais enfin à quoi cela sert-il mes plaisirs ?

— Monseigneur, vous allez voir.

— Voyons donc.

François Soleil prit un temps, comme font les savants et roués comédiens :

— Monseigneur, est-ce que vous ne trouviez pas, depuis quelque temps, vos plaisirs bien monotones, bien fades, bien usés ?

— Ma foi ! M. Soleil s'il faut en faire l'aveu...

— C'est ce que j'avais prévu, dit l'intendant ; aussi depuis huit mois environ m'occupé-je d'introduire un élément nouveau dans vos distractions.

— Ah! ah! fit le duc de Noyal-Treffléan, se frottant les mains.

— Oui, l'élément populaire.

— Diable!

— Cela vous étonne, n'est-ce pas, monseigneur?

— Je l'avoue, monsieur Soleil, je l'avoue.

— Écoutez-moi bien. Un pavé qui vous tombe sur la nuque, froid et fort, vous étonne, n'est-il pas vrai? Eh bien!

le peuple arrivant à travers votre fête et soufflant sur vos bougies doit vous produire le même effet. Vous voulez le battre et il vous bat, c'est charmant. C'est une sensation.

— En effet, dit le duc.

— Eh bien! le peuple, c'est moi. Ou pour mieux dire, c'est moi qui ai conduit le peuple, c'est moi qui l'ai conseillé, c'est moi qui l'ai poussé.

— Toi?

— Moi-même, monseigneur. Et il n'y a rien d'étonnant à cela, rien du tout. C'est mon opinion ! En servant vos goûts je sers mes instincts.

— Ah ! ah !

— Oui, monseigneur.

— Ainsi, c'est toi qui as conduit les femmes à Versailles ?

— C'est moi.

— Et celui qui les as conduit à la Bastille ?

— C'est encore moi.

— Tu es un homme étrange.

— Monseigneur est bien bon.

— Tu me ruines et tu conspires contre moi pour me divertir ?

— Pour vous divertir, oui, monseigneur.

Le duc de Noyal-Treffléan se mordit les lèvres.

— Monsieur Soleil?

— Monseigneur?

— Je ne vous savais pas un homme politique.

— Je me réservais de vous l'apprendre, monseigneur.

— Au fond, c'est plaisant. Je vous approuve en partie. Seulement gare aux conséquences !

— Cela ne nous regarde ni l'un ni l'autre.

— C'est vrai.

— Et, puisque monseigneur daigne descendre avec moi jusqu'à des explications si intimes, je me permettr quelque ridicule que je puisse paraître, de lui adresser une interrogation.

— Quelle interrogation, monsieur Soleil?

— Voici. Pourquoi monseigneur ne s'est-il pas fait démocrate?

— Oh! oh!

Le duc de Noyal-Treffléan mit son poing sous son menton et se prit à réfléchir.

— Au fait, pourquoi ne me suis-je pas fait démocrate? Vous avez raison, monsieur Soleil. Si je ne me suis pas fait démocrate, c'est que probablement je n'y ai pas pensé.

— C'est cela.

— Mais, permettez. Quel avantage trouverais-je à être démocrate?

— Ma foi! l'avantage de ne plus être aristocrate.

— Oui, d'abord; mais ensuite?

— Ensuite? l'avantage de pouvoir vous ranger dans les rangs de l'agression, au lieu de vous ranger dans les rangs de la défense.

— C'est quelque chose. Ensuite?

— Ensuite... Ma foi, le plaisir de devenir un homme féroce, après avoir été un homme charmant, de se couvrir de vêtements grossiers après avoir été toute sa vie habillé de soie et d'or, de parler avec une grosse voix lorsqu'on ne parlait que du bout des lèvres, de marcher en se déhanchant et de rouler des yeux furibonds, de se méfier de tout le monde et de détrousser la rhétorique révolutionnaire, dire : fers, tyrans, esclavage, despotisme, humanité, que sais-je enfin? avoir l'air perpétuellement de cacher un fer homicide, savoir à fond l'histoire romaine afin de pouvoir citer Brutus et Gracchus, mal vivre quand on vivait bien, se faire laid et brutal à plaisir...

Tout cela me paraît joyeux pour qui n'en a pas l'habitude; et à l'époque où nous vivons, monseigneur, je ne vois guère d'autre rôle à prendre pour vous que le rôle de démocrate.

Le duc de Noyal-Theffléan l'écoutait avec une attention très-grande.

— Vous avez peut-être raison, M. Soleil; oui, je n'avais pas songé à ce parti.

— D'autant plus que, comme c'est moi qui pousse la démocratie, je puis faire naître des incidents tour à tour burlesques ou tragiques, selon les dispositions d'esprit de M. le duc.

— Comment, c'est vous qui poussez la démocratie?

— Oui, monseigneur.

— Expliquez-vous, dit le duc.

—D'abord, j'ai fait prendre la Bastille, ce qui n'est pas déjà mal; ensuite j'ai amené les femmes à Versailles, ce qui est suffisamment plaisant; et demain...

— Demain?

— Oh! demain, c'est mon secret,

ou plutôt c'est le vôtre, monseigneur.

— Ainsi, monsieur Soleil, s'il fallait vous en croire, ce serait vous, vous seul qui feriez en ce moment l'histoire de France?

— Oui, monseigneur.

— C'est fort ingénieux.

— Monseigneur est trop bon, répondit l'intendant.

— Et la révolution française serait tout bonnement un épisode que vous auriez imaginé pour mes menus plaisirs?

— Précisément.

— Vous avez de l'imagination.

François Soleil souriait et se rengorgeait.

— Savez-vous que vous pouvez mener

cela très-loin ? reprit le duc de Noyal-Treffléan.

— Aussi loin qu'il plaira à monseigneur.

— Ma foi, allez, mon cher, allez.

— Je profiterai de la permission, monsieur le duc. Toutefois il se peut que, malgré ma volonté, les événements marchent un peu vite, je vous en préviens.

— Ah ! diable !

— Ainsi, prenez vos précautions.

— Merci de l'avertissement, dit le duc. Comme cela, c'est maintenant la France qui, à votre instigation, va donner le spectacle ?

— C'est la France, oui, monseigneur.

— Eh bien ! commencez. Je suis prêt.

Tâchez que vos machines soient neuves, que vos personnages agissent curieusement.

De l'imprévu, de la couleur. Soignez les détails. Ne reculez devant aucune étrangeté.

Je vous attends et je vous écoute. Allez. Vous avez un beau thème, et fertile.

Une révoulution ! c'est heureusement trouvé ; il y a là des excès à mettre en lumière, des extravagances, des choses rares.

Cela peut devenir intéressant.

Le peuple est un grand acteur, il ne s'agit que de bien le souffler et de lui fournir prestement la réplique.

Soyez à votre affaire.

Le prologue de votre pièce a bien été jusqu'à présent. J'en suis satisfait.

Continuez.

Je vais essuyer le verre de ma lorgnette.

A revoir, monsieur Soleil.
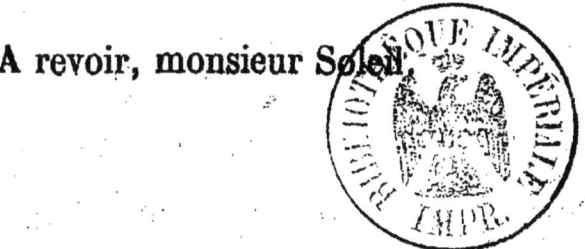

FIN DU DEUXIÈME VOLUME.

Argenteuil. — Imprimerie Worms et Cie.

www.ingramcontent.com/pod-product-compliance
Lightning Source LLC
Chambersburg PA
CBHW050803170426
43202CB00013B/2538